suhrkamp taschenbuch 3097

Das deutsch-israelische Verhältnis begann mit einer offenen Wunde. Sie ist heute vernarbt, die Beziehungen zwischen beiden Staaten haben sich hervorragend entwickelt. Vor über 50 Jahren wurde die Unabhängigkeit des Staates Israel verkündet, schon vor über 100 Jahren hat Theodor Herzl die Zionistische Bewegung ins Leben gerufen und in sein Tagebuch geschrieben: »Heute habe ich den jüdischen Staat gegründet.«

Das Buch des langjährigen israelischen Botschafters in der Bundesrepublik Deutschland schildert die 4000 Jahre alten Wurzeln des jüdischen Staates, wie sie in der Bibel, »dem Geschichtsbuch des israelischen Volkes«, zu finden sind. Es beschreibt die Enstehung der Krise im Nahen Osten, gibt Antworten auf aktuelle Fragen zum Friedensprozeß und zu den deutsch-israelischen Beziehungen, informiert über das Verhältnis der Europäischen Union zu Israel und dem Nahen Osten.

Avi Primor, geboren 1935 in Tel Aviv, war von 1993 bis 1999 Botschafter des Staates Israel in Deutschland. 1998 wurde dem kritischen Diplomaten für sein Engagement für den Abbau von Vorurteilen und Fremdenfeindlichkeit der Kultur-Preis Europa verliehen.

Avi Primor
Europa, Israel
und der Nahe Osten

Suhrkamp

suhrkamp taschenbuch 3097
Erste Auflage 2000
© 1999 Droste Verlag GmbH, Düsseldorf
Lizenzausgabe mit freundlicher Genehmigung des
Droste Verlags
Suhrkamp Taschenbuch Verlag
Alle Rechte vorbehalten, insbesondere das
der Übersetzung, des öffentlichen Vortrags sowie der Übertragung
durch Rundfunk und Fernsehen, auch einzelner Teile.
Kein Teil des Werkes darf in irgendeiner Form
(durch Fotografie, Mikrofilm oder andere Verfahren)
ohne schriftliche Genehmigung des Verlages reproduziert
oder unter Verwendung elektronischer Systeme
verarbeitet, vervielfältigt oder verbreitet werden.
Druck: Nomos Verlagsgesellschaft, Baden-Baden
Printed in Germany
Umschlag nach Entwürfen von
Willy Fleckhaus und Rolf Staudt

1 2 3 4 5 6 – 05 04 03 02 01 00

Inhalt

meiner Frau Ziona gewidmet

Zur Einführung

Den fünf Kapiteln dieses Buches liegt eine Vorlesungsreihe zugrunde, die Avi Primor, Botschafter des Staates Israel in Deutschland, im Sommer 1998 an der Heinrich-Heine-Universität in Düsseldorf gehalten hat.

Das Thema ist weitgefaßt und bezieht sich nicht allein auf ein aktuelles politisches Spannungsfeld. »Europa, Israel und der Nahe Osten« meint auch die vielfältigen Verflechtungen der europäischen Geschichte mit der des Vorderen Orients, vom Exodus des jüdischen Volkes aus der biblischen Heimat am Ende der Römerzeit über die Invasion der Kreuzfahrer in Palästina bis hin zur Gründung der Zionistischen Bewegung, der Tragödie des Holocaust und der Erlangung der staatlichen Unabhängigkeit Israels vor nunmehr fünfzig Jahren.

Das Bild, das vor diesem Zeithintergrund entsteht, zeichnet Geschichte nicht einfach nach. Es sind vornehmlich Aspekte der Gegenwart, unter die Avi Primor seine Betrachtungen stellt. Ihnen und vielleicht mehr noch seinen Fragen an die Zukunft ist das persönliche Engagement anzumerken, das schon Primors erstem Buch »... mit Ausnahme Deutschlands« (1997) einen auffallend bekenntnishaften Zug verleiht. Auch als Autor läßt er keinen Zweifel daran, in welch erweitertem Sinn er sein diplomatisches Amt als Mission versteht. Zur Erfüllung des außenpolitischen Auftrags tritt die ihm aus tiefer innerer Verpflichtung wichtige öffentliche Überzeugungsarbeit, der Einsatz für die Vollendung des Friedensprozesses im Nahen Osten und das beharrlich-nachdrückliche Werben für eine künftig noch engere Zusammenarbeit seines Landes mit der Europäischen Union.

Beide Zielvorstellungen bilden auch eine Art Leitmotiv der Vorträge, Interviews und Reden des Botschafters, von denen drei am Schluß des Buches in Auszügen abgedruckt sind. Sie bestätigen die Einschätzung einer großen deutschen Tageszeitung, die Avi Primor 1993, kurz nach seinem Amtsantritt in Bonn, als einen eindrucksvoll eloquenten Diplomaten beschrieben hat, in seiner Laufbahn höchst erfolgreich und »der Zukunft mehr zugewandt als der Vergangenheit«.

H.-G. Puchert

Geschichtliche Rückblicke

Für das israelische Volk und die Juden in aller Welt gab es 1998 Grund zur Feier eines besonderen Jubiläums. Er bestand in der fünfzigsten Wiederkehr jenes Tages, an dem die Unabhängigkeit des neuen jüdischen Staates, des Staates Israel, verkündet wurde. Ein halbes Jahrhundert trennt uns von dem in der Tat denkwürdigen Ereignis, aber es jährte sich ein zweiter Gründungstag, der sich dem ersten als weiterer Anlaß der zahllosen Gedenkfeiern zur Seite stellen ließ, so daß sich ein Doppeljubiläum ergab. Nur wenig mehr als hundert Jahre ist es nämlich her, daß Theodor Herzl die Zionistische Bewegung ins Leben gerufen hat. »Heute habe ich den jüdischen Staat gegründet«, schrieb er nach dem ersten der von ihm organisierten Zionisten-Kongresse in sein Tagebuch. »Das werde ich niemandem sagen, um nicht belächelt zu werden. Aber innerhalb von fünfzig Jahren wird das die ganze Welt feststellen können.«

1935, als ich geboren wurde, existierte der Staat Israel noch nicht. Das Land, in dem ich zur Welt kam und aufgewachsen bin, war das alte Palästina. Im Ersten Weltkrieg von den Engländern erobert, wurde es von ihnen wie eine Kolonie regiert, doch dank der von den Zionisten praktizierten Autonomiebestrebungen bekam ich die Auswirkungen dieses Regimes während meiner Kindheit kaum zu spüren. Daß es nicht mein Volk war, das die Oberhoheit über unser Land ausübte, wurde mir erst später bewußt. Die jüdischen Einwanderer, die seit der Gründung der

Zionistischen Bewegung in das Land ihrer Vorväter gekommen waren – die meisten von ihnen aus Europa –, hatten Palästina, das damals zu einem Großteil aus Wüste und Sümpfen bestand, urbar gemacht. Sie hatten Siedlungen gegründet und Straßen gebaut, sie legten die Keimzellen zu einer neuen Gesellschaft und schufen, ob es den britischen Kolonialherren recht war oder nicht, eine umfassende Staatlichkeit, eine eigene, unabhängige Verwaltung mit Behörden, an die sich die jüdische Bevölkerung mit ihren alltäglichen Belangen wenden konnte. An der Schule, die ich besuchte, wurde Hebräisch gesprochen und nicht, wie in Gebieten unter fremder Herrschaft fast immer üblich, die Sprache der Mandats- und Besatzungsmacht. Die Lehrpläne, das gesamte Unterrichtsprogramm hatte eine jüdische Schulbehörde aufgestellt, und nicht nur die Lehrer, auch meine Mitschüler und Freunde waren ausnahmslos Juden, künftige Israelis wie ich. Das alles trug entscheidend dazu bei, daß ich mich im Unterschied zu einem außerhalb Israels aufgewachsenen Juden zu keiner Zeit als Angehöriger einer Minderheit empfand.

Schon Mitte der zwanziger Jahre war Israel ein – wie man damals sagte – »Staat im Werden«, eine kaum mehr wegzudenkende Realität. Trotzdem wäre es ein Trugschluß anzunehmen, den letzten, unmittelbaren und direkten Anstoß zur Staatsgründung habe der Holocaust gegeben, so sehr auch der millionenfache Mord an den europäischen Juden die Notwendigkeit und Dringlichkeit der Existenz eines selbständigen jüdischen Staates deutlich gemacht und den Prozeß seines Entstehens beschleunigt hat, bis hin zur Erlangung der vollen Souveränität.

Selbst Theodor Herzl und seine Zionistische Bewegung lassen sich, wenn es um die Herstellung ursächlicher Zusammenhänge zwischen ihnen und der staatlichen Unabhängigkeit Israels geht, nur bedingt in Anspruch nehmen. Herzl, ein in der westlichen Gesellschaft integrierter Jude, hat, bevor er 1896 die Errichtung eines »Judenstaates« forderte und eine rasch wachsende Zahl von Anhängern um sich scharte, über verhältnismäßig bescheidene Kenntnisse der jüdischen Geschichte und Tradition verfügt. Später, mit reicherem Wissen, stellte er sein Ziel mit dem freimütigen Bekenntnis in Frage, er hätte seine Idee womöglich nicht durchzusetzen versucht, wäre er früher im Besitz der Erfahrungen gewesen, die er inzwischen hatte sammeln können. Sollte damit gesagt sein, die Idee enthalte im Grunde nichts originär Neues? Etwas verständlicher wird Herzls Äußerung vor dem Hintergrund der Geschichte des jüdischen Volkes und seiner Ursprünge, über die ausführlich die ersten Bücher der Bibel berichten.

Tatsächlich ist es die Bibel, aus der jeder junge Israeli sein erstes Wissen über die Herkunft der Juden und die Anfänge ihrer Geschichte erwirbt. In allen Schulen Israels, auch in den mehrheitlich säkularen, dient sie als Lehr- und Lesebuch, als ein für alle weitere historische Stoffvermittlung grundlegendes Geschichtswerk. Natürlich gibt es aus wissenschaftlicher Sicht zur Frage der Zuverlässigkeit und des historischen Wahrheitsgehalts unterschiedliche Auffassungen; jenseits aller Meinungsdifferenzen jedoch reflektiert die Bibel mehrtausendjährige, von Generation zu Generation weitergereichte Überlieferungen als Wurzeln der Identität und des geschichtlichen Selbstverständnisses der Juden.

Die Bibel erzählt zunächst von Abraham. Er ist einer der drei Erzväter des Volkes Israel, in gewissem Sinne auch Stammvater des jüdischen Staates. Es folgen dann die Schilderung der Übersiedlung Jakobs und seiner Söhne nach Ägypten, wo die Israeliten in Sklaverei gehalten wurden, und der Bericht über die Rückkehr des geplagten Volkes unter seinem Anführer Mose in das Gelobte Land. Es ist anzunehmen, daß Mose hoffte, den Zug der Rückwanderer in ein unbewohntes, allenfalls dünn besiedeltes Gebiet leiten zu können. Die nach Kanaan, dem verheißenen Land, vorausgeschickten zwölf Kundschafter aber fanden dort überraschend gegenteilige Verhältnisse vor. Das Land fließe über vor Milch und Honig, bezeugten sie, das Volk jedoch, das dort wohne, »ist stark, und die Städte sind befestigt und sehr groß« (4. Mose 13, 27f.). Allein die Aufzählung der vielen Stämme, die in Kanaan lebten, verhieß den Neuankömmlingen wenig Gutes.

Wer heute diesen Abschnitt über die Landsuche der Juden nach ihrem Auszug aus Ägypten liest, kommt nicht umhin, an Theodor Herzl zu denken. Mehr als dreitausend Jahre nach Mose hat anfangs auch er nicht bedacht, daß in Palästina, der als neuer Sammel- und Siedlungsplatz ausersehenen historischen Heimat der Juden, bereits seit dem 7. Jahrhundert Menschen mit angestammten Rechten wohnten. Erst 1898, als er das Land besichtigte, begriff Herzl etwas vom Ausmaß der daraus resultierenden Probleme.

Auch in anderer Hinsicht lassen sich Parallelen zwischen seinem Wirken und dem seines biblischen Ahnherrn ziehen. Auffallend ist vor allem das Unvollendete und lediglich Vorbereitende ihres Handelns, der schicksalhafte Abbruch des Wegs vor dem Ziel. Wie Mose vor seinem Tod das Gelobte Land nach dem Willen Gottes zwar noch aus einiger Entfernung sehen, es aber nicht mehr betreten durfte, so blieb es auch Herzl versagt, die Erfüllung seiner Vision zu erleben. Er wirkte als Initiator und Triebkraft. Erst späteren Generationen gelang die Verwandlung seines Traums in Wirklichkeit, wenn auch unter den Bedingungen einer inzwischen gründlich veränderten Welt.

Die siegreichen Eroberungszüge Josuas, des Nachfolgers Moses, beruhten auf Zusagen Gottes. Josua vollstreckte das an Mose ergangene göttliche Gebot, indem er ein Stammesgebiet nach dem anderen in Besitz nahm; letztlich aber waren es nur Teilerfolge, auf die er am Ende seines langen Lebens zurückblickte. Nicht nur, daß die Seßhaftwerdung seines Volks durch Krieg errungen werden mußte, Josuas Eroberungen verfehlten auch das eigentliche Ziel, die Inbesitznahme des ganzen Landes – ähnlich wie sich Jahrtausende später die Nachfolger Herzls mit einem vergleichsweise kleinen Gebiet abfinden mußten.

Das erste staatsähnliche Gebilde, von dem die Bibel berichtet, muß man sich als einen Stämmebund mit zunächst lockeren föderativen Strukturen vorstellen. Sie garantierten jedem Stamm eine weitgehende Selbständigkeit, bis im zweiten Jahrtausend v. Chr. ein zentral regiertes Königreich entstand. Es wurde von König Saul regiert. Ihm folgte am Anfang des ersten Jahrtausends David, der ruhmreiche Eroberer. Er vergrößerte das Reich noch durch Landgewinn in Kriegen gegen die Nachbarvölker und machte Jerusalem zur Hauptstadt. Unter der Regierung seines Sohnes Salomon, des dritten Königs, erlebte Israel eine durch die Machtfülle, Weisheit und Friedensliebe dieses Herrschers gleichermaßen geprägte kulturelle Hochblüte.

Interessant ist, daß das Verlangen nach einem König vom Volk ausging. Nachdem der Prophet Samuel, bis dahin oberster Richter in Israel, das Amt aus Altersgründen seinen beiden Söhnen übertragen hatte, gerieten die Gesetzestreue und die Unabhängigkeit der Rechtsprechung in Gefahr. Bestechlichkeit, Rechtsbrüche und persönliche Gewinnsucht seiner Nachfolger waren die Hauptvorwürfe aller Ältesten der Israeliten, die sich bei Samuel in Rama versammelten. Mit der Begründung, seine Söhne »wandelten nicht auf seinen Wegen«, verlangten sie die Einsetzung eines Königs, »der uns regieren soll, wie es bei allen anderen Völkern der Fall ist« (1. Samuel 8, 5). Samuel reagierte unwillig, betete aber zu Gott. Der antwortete, er solle der Forderung des Volkes nachgeben, und tröstete ihn zugleich: »Denn nicht dich haben sie verworfen, sondern mich haben sie verworfen, daß ich nicht länger König über sie sein soll. Sie machen es jetzt mit dir ebenso, wie sie es mit mir immer gemacht haben seit der Zeit, da ich sie aus Ägypten hergeführt habe, bis auf diesen Tag, indem sie mich verlassen und anderen Göttern gedient haben.«

Samuel unternimmt einen letzten Versuch, die Versammelten zu beschwichtigen: Mit drastischen Worten klärt er sie über die Rechte und Vollmachten eines Königs auf. Er verweist auf dessen diktatorische Allgewalt und stellt in düstersten, abschreckenden

Farben die Folgen dar, die Willkür und rücksichtsloser Macht-hunger des Herrschers im Volk anrichten würden. Im übrigen werde jede Beschwerde, jedes Wehklagen vor Gott erfolglos sein: »Und wenn ihr dann wegen eures Königs, den ihr euch erwählt habt, zum Herrn schreit, so wird der Herr euch alsdann nicht er-hören.«

Das Volk aber ließ sich nicht beirren. Ungeachtet der War-nungen Samuels und auch, weil Gott es so wollte, kam es zur Gründung des ersten Königreichs Israel unter der Herrschaft von Saul. Israel war der gemeinsame Name aller zwölf Stämme, die zwischen 1400 und 1200 v. Chr. unter Mose zurückkehrten. Zugleich war Israel der Beiname des Erzvaters Jakob, des Stamm-vaters jener Stämme. Und Israel hieß auch das Nordreich, das nach Salomons Tod aus zehn Stämmen gebildet wurde und zwei-hundert Jahre später (722 v. Chr.) den Assyrern zum Opfer fiel.

Alles dies, von den frühen Versuchen der Israeliten, sich zu Stammesbünden zusammenzuschließen, bis zum Ende des drit-ten Königreichs unter Salomon, ereignete sich in großen Zeit-intervallen. Sie waren von Stammesrivalitäten und zahllosen krie-gerischen Auseinandersetzungen durchzogen. Landgewinne wechselten mit Gebietsverlusten, deren räumliche Dimensionen heute gering anmuten, die für die Betroffenen aber Unterdrük-kung und Sklaverei bedeuteten und über das Ansehen des jewei-ligen Herrschers entschieden. Argwöhnisch wachte ein Stamm über den Machtzuwachs des anderen. So ging Saul, der erste König, aus dem kleinsten Stamm, dem Stamm Benjamin, hervor, und sozusagen zwischen den Zeilen der Bibel erfährt man, wes-halb ausgerechnet er es war, auf den die Wahl fiel: Sauls Aufstieg zum König über Israel gewährleistete die Fortdauer der relativen Schwäche seines Stamms.

Umgekehrt stellte sich die Königswahl für Juda dar, den größten und stärksten Stamm. Judas Anspruch, aus seiner Mitte den König wählen zu lassen – ein Anspruch, den David erfüllte –, gründete sich gerade auf die unübersehbare Größe seiner Macht, die sich in der Hauptstadt Hebron konzentrierte. Dieses deutliche Übergewicht auch an militärischer Stärke war es dann, das in nachsalomonischer Zeit zu innenpolitischen Konflikten und schließlich zur Spaltung Israels in ein Nord- und ein Südreich führte. Nach Davids Machtübernahme, so segensreich sie sich mit den von ihm eingeleiteten Reformen auf das ganze Land auswirkte, wurde das trotz aller Gegensätze halbwegs ausgewogene Kräfteverhältnis innerhalb des Königreichs langfristig zerstört. In gewisser Weise aufhalten ließ sich der Trennungsprozeß, solange starke und erfolgreiche Männer wie David und Salomon die Geschicke Israels lenkten. Erst als die dritte Generation der David-Dynastie keine ähnlich große Herrscherpersönlichkeit hervorbrachte, schien der Abfall der zehn Stämme im Norden unabwendbar. Sie übernahmen den alten Landesnamen Israel, während sich das kleinere Reich im Süden nach dem größeren der beiden hier ansässigen Stämme Judäa nannte. Im Jahr 926 v. Chr. war die Spaltung des Reichs in zwei zunächst selbständige Staaten besiegelt. Die Stämme im Norden wählten Samaria zu ihrer Hauptstadt, im Süden blieb Jerusalem mit dem vom König Salomon erbauten ersten Tempel Regierungssitz und Kultmittelpunkt. Von nun an nannte sich das im Norden lebende Volk »Israeliten« und das im Süden ansässige »Judäer«, woraus sich das Wort »Juden« ableitet.

Die Trennung war endgültig. Schon im 9. Jahrhundert aber haben gemeinsame Interessen zumindest vorübergehend zu einer Annäherung der beiden Teile des ehemaligen Großreiches geführt. Ein judäischer König leistete mit seinem Heer Israel Beistand im Kampf gegen die Aramäer. Und als in der zweiten Hälfte des 8. Jahrhunderts die Assyrer das Nordreich zu überfallen drohten, erging von dort aus sogar das Ersuchen an den damaligen König im Süden, sich der Abwehrfront anzuschließen, die Israel mit anderen Staaten gegen den assyrischen Großkönig Tiglatpilesar III. aufzubauen versuchte. Der König von Judäa lehnte ab, was ihm die Feindschaft der anti-assyrischen Verschwörer eintrug, so daß er seinerseits die Assyrer um Hilfe bitten mußte.

Nach der Unterwerfung Israels, die Tiglatpilesars Nachfolger mit der Belagerung und Zerstörung Samarias vollendeten – Sargon II. rühmte sich dieser Tat als letzter –, konnte sich in Israel allein Judäa als Größe behaupten. Es bot vielen Flüchtlingen aus dem Nordreich Asyl, das nunmehr in assyrische Provinzen unterteilt wurde. Seit dieser Zeit gibt es im nationalen und politischen Sinne keine Israeliten mehr, sondern nur noch Juden.

Die Teilung des alten Königreichs Israel vor knapp dreitausend Jahren hatte Konsequenzen, die bis in die Gegenwart reichen. Bewußt wurde dem 1948 wiedergeborenen Staat nicht der Name Judäa verliehen, die Gründer entschieden sich vielmehr für Israel, den Namen der im Altertum ursprünglich vereinigten Stämme. Insofern glich die Namenswahl einem programmatischen Akt: Er unterstrich die Absage an jede mögliche neue Spaltung der Juden und die Entschlossenheit zu einmütigem Handeln. Was heute Israelis und Juden voneinander unterscheidet, hat weniger mit ihrer Volkszugehörigkeit als mit der jeweiligen Staatsbürgerschaft zu tun. »Israeli« nennt sich in Anlehnung an den traditionellen, 1948 neu eingeführten Landesnamen ein Bürger des modernen Staates Israel. »Jude« dagegen meint eher den Angehörigen einer religiösen oder kulturellen Gemeinschaft, der außerhalb Israels, in der Diaspora, lebt. In diesem Sinne können Juden Nicht-Israelis sein, Israelis aber auch Nicht-Juden. Der nichtjüdische Bevölkerungsanteil im Stammland des heutigen Israel beträgt immerhin etwa achtzehn Prozent.

Im Jahr 70 unserer Zeitrechnung kam das Ende des Königreichs Judäa. Thronwirren und erbitterte Glaubenskriege, Verschwörungen und Königsmorde, die Rückgewinnung des ehemaligen Israel unter König Josia, Abwehrkämpfe gegen Ägypten und im 6. Jahrhundert die Unterwerfung des Landes unter die nach dem Zusammenbruch des Assyrerreiches zur Oberhoheit gelangten Babylonier, die Jerusalem zerstören und die Stadtbevölkerung in die »Babylonische Gefangenschaft« deportieren, schließlich die politische und religiöse Neuordnung des Landes unter persischer Verwaltung und die abermalige Zerstörung Jerusalems in der Zeit der hellenistischen Herrschaft unter Antiochos IV. – alles dies ging dem Einzug der Römer in Judäa voraus, die das Land zu einem Teil ihrer Provinz Syria erklärten, es tributpflichtig machten und damit den Zündstoff zu dem Widerstandskampf bereiten halfen, den die Juden im ersten Jahrhundert der nachchristlichen Ära gegen die Besatzungsmacht führten.

Zu ersten Konflikten mit den Römern kam es schon in den fünfziger Jahren des neuen Jahrhunderts. Der vom römischen Kaiser Claudius eingesetzte König von Judäa, Herodes Agrippa I., war zwar zum Judentum übergetreten, nach dessen Tod aber mehrten sich die Übergriffe römischer Truppen. Schon die Errichtung einer kaiserlichen Kultstätte in Jerusalem hatte weithin Empörung ausgelöst. Als im Jahr 66 römische Soldaten Jerusalem in einer Strafaktion plünderten – Anlaß war die öffentliche Verspottung eines Prokurators –, brach der Aufstand los. Anfängliche militärische Erfolge stimmten die Anführer der Rebellen aus der Partei der Zeloten siegessicher, doch war es nur eine Frage der Zeit, bis die römischen Garnisonen im Lande verstärkt waren und die gigantische Weltmacht zum Gegenschlag ausholte.

Zunächst war es der bald darauf zum Kaiser in Rom gekrönte Vespasian, der den Feldzug gegen die Aufständischen leitete. Nach der Besetzung Galiläas setzte Titus, sein Sohn und späterer Mitregent, das Vernichtungswerk fort, das sich nunmehr fast ausschließlich gegen das von Rebellen verteidigte Jerusalem richtete. Nach dreijähriger Belagerung wurde die Stadtmauer durchbrochen, die Stadt selbst in Trümmer gelegt, einschließlich des unter Herodes errichteten großen Tempels. Wer die Belagerung und den Endkampf überlebt und keine Gelegenheit zur Flucht ergriffen hatte, trat zu Sklavendiensten den Weg in die Verbannung an.

Den Römern lag natürlich dringend daran, die Erinnerung an den alten politischen und religiösen Mittelpunkt Judäas möglichst auszulöschen. So entstand aus den Ruinen Jerusalems eine römische Militärkolonie mit dem Namen Aelia Capitolina, ein Bezirk, dessen Betreten Juden strengstens untersagt war. Auch der altüberlieferte Stammes- und Landesname verschwand: Aus »Judäa« wurde »Palästina«. Der neue Name – übersetzt etwa »Land der Philister« – ging auf ein damals längst aus der Geschichte ausgeschiedenes Volk zurück, das die Bibel als Invasoren beschreibt, als Leute, »die aus dem Meer kamen« – vermutlich waren es Griechen, Kreter oder Mykener. Das erste Siedlungsgebiet dieser Einwanderer, ein kleiner Küstenstreifen zwischen dem Meer und Karmel, entspricht etwa dem heutigen Ghaza.

Die Umbenennungen sind nicht sofort nach der Niederwerfung des sogenannten Großen Aufstands eingeführt worden. Rund sechzig Jahre später, zur Zeit Hadrians, bedurfte es einer zweiten jüdischen Erhebung gegen die Römer, um sie von der Stärke des Widerstandswillens zu überzeugen, der nach wie vor im Volk lebendig war. Die Härte, mit der die Besatzungsmacht auch diesmal gegen die Aufständischen – mit dem legendären Bar Kochba an der Spitze – vorging, vor allem aber die nach der Eroberung der Rebellenfestung Betar ergriffenen Maßnahmen, zeigten die Entschlossenheit der Sieger an, das Selbstbewußtsein der Juden in seinem existentiellen Kern zu treffen. Die Tilgung der Namen Judäa – oder Israel – und Jerusalem von den Landkarten war dazu nur ein kleiner Schritt. Schwerer wog, daß man allen Juden im Land unter Androhung schwerster Strafen die Ausübung ihrer religiösen Riten und Bräuche verbot – praktisch eine Aufforderung zum Weg ins Exil.

Von den überlieferten Beispielen, die den todesbereiten Mut der Juden im Widerstandskampf gegen die Römer belegen, ist eine Episode nicht unumstritten: der kollektive Selbstmord der Kämpfer in der Wüstenfestung Masada. Zeloten hielten diesen Stützpunkt am Westufer des Toten Meers schon seit dem Beginn des Großen Aufstands besetzt, viele mit ihren Frauen und Kindern. Masada galt als so gut wie uneinnehmbar, gefüllte Vorratsspeicher und ein geschickt angelegtes System zur Trinkwasserversorgung stillten den täglichen Nahrungsbedarf. Noch drei Jahre nach dem Fall von Jerusalem, solange wie dessen Belagerung dauerte, konnten die Kämpfer von Masada den Römern Verluste zufügen, bis ihnen ein von römischen Soldaten errichteter Belagerungssturm die Aussichtslosigkeit ihrer Situation vor Augen führte. Um nicht als Verwundete oder Gefangene dem Gegner in die Hände zu fallen, gaben sie sich selbst den Tod.

Ein vielhundertfacher Opfertod, der, historisch verbürgt, heldenhaft und vorbildlich genannt zu werden verdient? Die Meinungen darüber gehen auseinander. Jahrhundertelang hat man dem bewegenden Geschehen in Masada eine symbolhafte Bedeutung unterlegt, allein der Name beschwor Gedanken an heroische Pflichterfüllung und todesmutige Selbsthingabe. Zweifellos erforderte es eine geradezu übermenschliche Entschlußkraft, den Tod unter Gleichgesinnten einem Leben in römischer Sklaverei vorzuziehen, die nach damaligem Kriegsbrauch jedem Gefangenen drohte. Wäre es aber angesichts des Verlaufs, den die Zelotenaufstände nahmen, nicht klüger gewesen, den Kampf gegen die übermächtigen Römer einzustellen, ihn womöglich gar nicht erst aufzunehmen, weil er von Anfang an hoffnungslos schien?

Der Aufstand im Warschauer Ghetto, 1943, verlieh dieser Frage ein so andauernd aktuelles Gewicht, daß sich darauf auch heute nicht eine abschließende Antwort finden läßt. An beiden Orten, in Masada wie in Warschau, waren die Aufständischen sich tragischerweise nur zu gut der Aussichtslosigkeit ihres Kampfes bewußt. Die einen suchten der Sklaverei, die anderen den Vernichtungslagern zu entgehen. Man kämpfte, um in Würde zu sterben.

Die Zerstörung Jerusalems und die Niederwerfung des letzten Aufstands gegen die Römer unter Bar Kochba im jüdisch-römischen Krieg (132–135) hatten Vertreibungen in großem Umfang zur Folge. Für die Juden begann die Zeit der »Zerstreuung«, des Lebens in der Diaspora. Sie ließen sich in fast allen Teilen des Römischen Reiches nieder, gelangten bis nach Nordafrika, später auch nach Gallien, England und Deutschland, während ein kleinerer Teil des ehemals judäischen Volks zurückblieb und sich den römischen Gesetzen unterwarf. Noch lange herrschten die Römer über das als Staatswesen zerfallene alte Judäa, das politisch zunehmend bedeutungslos wurde und das Schattendasein einer Randprovinz führte. Nach der Teilung des Römischen Reiches übernahm das von Byzanz (Konstantinopel) regierte Ostreich die Macht im Heiligen Land.

Eine neue Ära begann für die in Jerusalem lebenden Juden, aber auch für jene, die sich in anderen Regionen des östlichen Mittelmeerraums niedergelassen hatten, mit den Eroberungszügen der Araber. 638 fielen Jerusalem und große Teile Syriens in arabische Hand. Knapp zehn Jahre vorher noch hatten die Byzantiner Jerusalem besetzt. Mit der Herrschaft der Araber im Nahen Osten unter Mohammed und seinen Nachfolgern verbreitete sich der Islam, die dritte große monotheistische Weltreligion. Jerusalem, von Mohammed dazu ausersehen, stieg nach der Errichtung des Felsendoms und der Aksa-Moschee sehr rasch zu einem ihrer Zentren auf. Es behielt diese Rolle – neben Mekka und Medina – auch im 16. Jahrhundert, als das alte Judäa und seine Nachbarländer Teil des türkischen Osmanenreichs wurden. Die vierhundertjährige Türkenherrschaft dauerte fast bis zum Ende des Zweiten Weltkriegs, unterbrochen nur 1799 durch den Feldzug Napoleons im Anschluß an dessen Expedition nach Ägypten und die neunjährige ägyptische Oberhoheit unter der Protektion Frankreichs (1831–40).

Von längerer Dauer, politisch wie religionsgeschichtlich auch folgenreicher, war der Aufenthalt der Kreuzfahrer im Heiligen Land. Anlaß zum ersten Kreuzzug, der 1099 zur Eroberung Jerusalems und zur Errichtung eines christlichen Königreichs führte, gab die Tatsache, daß sich die Stadt und damit auch das Grab Christi seit 1071 in der Hand der türkischen Seldschuken befanden, »Ungläubiger«, die es zu vertreiben galt. Der Einfall der christlichen Streitmacht hatte sowohl für die muslimischen wie die jüdischen Einwohner verheerende Folgen. Wieder einmal war die Stadt Schauplatz rachsüchtiger Gewalttaten. Gegen Ende des folgenden Jahrhunderts, 1187, schlug ein vereintes arabisches Heer unter dem ägyptischen Sultan Saladin – er wurde in Mesopotamien, dem heutigen Irak, als Kurde geboren – die Kreuzritter so vernichtend, daß sie sich zum Rückzug und zur Aufgabe ihres Königtums Jerusalem gezwungen sahen.

Trotz aller Massaker und Vertreibungen in den Zeiten der Fremdherrschaft, ungeachtet der Übertritte zu anderen Religionen und der mehr oder weniger freiwilligen Abwanderungen in die Diaspora hat sich im Land durch alle Jahrhunderte ein jüdischer Bevölkerungsteil halten können. Nie, auch nicht in Zeiten größter Bedrängnis, gaben die Juden ihre Heimat völlig auf. So bestand die Einwohnerschaft Jerusalems in der zweiten Hälfte des vorigen Jahrhunderts, noch bevor die Idee des Zionismus aufkam, mehrheitlich aus Juden.

Als Frankreich und Großbritannien 1916, mitten im Krieg, ein Geheimabkommen schlossen, handelten die beiden Alliierten nach einem alten Sprichwort: Man teilte das Fell des Bären, noch bevor er erlegt war. Es ging um die Zukunft des Nahen Ostens nach dem zu erwartenden Sieg über die Türkei, zu der damals neben Syrien und dem Irak auch Palästina gehörte. Der Vertrag sah vor, das Heilige Land den Engländern zu überlassen. Als Ende 1917 eine britische Offensive vom Suezkanal her Richtung auf Jerusalem nahm, geriet zumindest dieser Teil der Vereinbarungen in die Nähe seiner Erfüllung. Im Jahr darauf war der letzte türkische Widerstand gebrochen, auch in Syrien.

Das Leben der Juden in der »Zerstreuung« gestaltete sich in allen Jahrhunderten natürlich sehr unterschiedlich, je nach den politischen, sozialen und kulturellen Bedingungen, die sie bei ihren Gastvölkern in der Diaspora vorfanden. Nicht erst zur Zeit seiner größten Ausdehnung waren im Römischen Reich Wanderungen einzelner Volksgruppen oder ganzer Völkerschaften nichts Ungewöhnliches. Ob als Kriegsflüchtlinge und gewaltsam Vertriebene, ob aus eigenem Antrieb auf der Suche nach Neuland oder zur Sklaverei gezwungen, meist fanden sie sich mit ihrer neuen Existenz als Minderheit unter anderen Minderheiten ab. Sie akzeptierten die Fremde als Heimat und integrierten sich, bis ihre ursprüngliche nationale und kulturelle Identität mit der ihrer Nachbarn verschmolzen war. Nur die ausgewanderten Juden bildeten in dieser Hinsicht eine bemerkenswert konstante Ausnahme.

Wer sich näher mit der historischen Sonderrolle der exilierten Juden im Zusammenleben mit ihren Gastvölkern befaßt, auch ohne sich zunächst auf Vergleiche mit anderen Minderheiten einzulassen, der gewinnt leicht den Eindruck eines sich wechselseitig bedingenden Verhältnisses zwischen dem Verlust der Heimat und der ausnehmend starken Selbstbehauptung der Juden in einer fremden, oftmals feindlichen Umwelt. Es ist, als habe der Abschied von Kultstätten und Heiligtümern zu noch tieferer Religiösität geführt, wie auch die Aufgabe der nationalen Identität nur als vorübergehend, ja als eigentlich nie wirklich vollzogen empfunden wurde. Nur so lassen sich das Zusammengehörigkeitsgefühl der Diaspora-Juden und die Eigenständigkeit ihrer Gemeinschaften erklären. Das Land Israel und seine Hauptstadt Jerusalem standen unverändert im Mittelpunkt ihres Glaubens und Denkens.

Zu den wahrhaft tragischen Entwicklungen, die der Weltgeschichte der letzten zweitausend Jahre ihren Stempel aufdrückten, gehört die Entfremdung zwischen Juden- und Christentum. Tragisch ist sie schon deshalb, weil Juden und Christen am Anfang ein gemeinsames Schicksal, das Leben unter einer fremden Militärregierung, verband. Zudem war Jesus, geboren im Königreich Judäa, selber Jude, ebenso seine Schüler und Anhänger, die späteren Apostel, und jene Menschen, die er bekehren wollte, das jüdische Volk, in dem er lebte.

Als eine aus jüdischer Überlieferung hervorgegangene Lehre einer Sekte, die das Christentum ursprünglich darstellte, trug die neue Religion einen eindeutig reformatorischen Charakter. Reformen einer alten Glaubenlehre haftet fast immer etwas Problematisches an; die Haltung jedenfalls, die die Juden Jesus gegenüber in seiner Zeit einnahmen, ähnelte in etwa der des Heiligen Stuhls zu den Thesen Martin Luthers zum Zeitpunkt ihrer Verkündung. Unter den Anhängern des alten Glaubens kam es zum Meinungsstreit zweier rivalisierender Gruppen: Die einen hielten an den Lehren des Alten Testaments fest, die anderen schlossen sich deren Ergänzung und neuer Auslegung mit der Überzeugung an, Gott sei in Jesus, dem Messias, Mensch geworden. Den Ausbruch offener, gewalttätiger Auseinandersetzungen verhinderte die Anwesenheit der Römer, in deren Händen die Rechts- und Militärhoheit über Israel lag.

Solange sich die Konflikte um die neue Glaubenslehre auf Israel beschränkten, erschienen sie wie ein Kulturkampf innerhalb eines Volkes. Erst als sich das Christentum mehr und mehr im gesamten Römischen Reich verbreitete und schließlich zur Staatsreligion erklärt wurde, verschärften sich die Gegensätze, auch und vor allem außerhalb Israels. Indem man ihre Rechte empfindlich beschnitt – der Übertritt zum Judentum wurde ebenso verboten wie Ehen zwischen Christen und Juden –, gerieten die mittlerweile überall im Römischen Reich entstandenen jüdischen Gemeinden in eine bis dahin beispiellose Lage. Die Juden bildeten fortan nicht mehr eine Minderheit unter vielen anderen, sondern wurden zur einzigen Minderheit innerhalb einer mit anderen Rechten ausgestatteten Mehrheit.

Es liegt in der Natur des Menschen, ungewohnte, von den eigenen abweichende Verhaltensnormen nicht ohne weiteres hinzunehmen, schon gar nicht, wenn sie sich im nahen Umfeld zeigen. Die Zeit der Tolerierung jüdischer Gemeinden in allen Gegenden des Weltreichs ging zu Ende, als der Westen dieses Reichs selber vor seinem Ende stand. Es gab keine Duldung mehr für eine Minderheit, deren Andersartigkeit in den Augen der Mehrheit hauptsächlich auf einer eigenen Religion und der Entschlossenheit beruhte, daran festzuhalten. Verschiedenheit weckt Mißtrauen und Verdacht, Verdacht löst Angst aus, Angst führt nicht selten zu Haß. Nach dieser Folgerichtigkeit entwickelte sich später der erste Antisemitismus, die Gegnerschaft gegen die Semiten. Darunter fallen seit dem Altertum auch andere Völker des Nahen Ostens, nicht allein die Israeliten und ihre Nachkommen, stets aber nur als Angehörige einer bestimmten Sprachfamilie, einschließlich der Araber. Heute also von einem arabischen Antisemitismus zu reden, ist ein Widerspruch in sich – sachlich zutreffender wäre der Begriff Antijudaismus.

Doch wie auch immer: Die Ereignisse, die der im vorigen Jahrhundert geprägte Antisemitismus-Begriff meint, wiegen durch dessen Relativierung nicht leichter. Immer wieder war es die Kirche, waren es christliche Institutionen, die antijüdische Vorurteile im Volk geschürt und damit, vom frühen Mittelalter bis zur Neuzeit, zum Entstehen einer Form des Judenhasses beigetragen haben, die sich weniger in Gewalt als in haltlosen Beschuldigungen entlud. Zu ihnen gehört an erster Stelle der Vorwurf des »Gottesmordes«, den die Juden angeblich begingen, der Tod Jesu am Kreuz. Dabei wurde schlicht ignoriert, daß es Römer gewesen waren, die Jesus als vermeintlichen Aufrührer verurteilt und hingerichtet hatten, römischen Gesetzen entsprechend. Das jüdische Recht sah als Strafe keine Kreuzigung vor. Schon der im Neuen Testament beschriebene Verlauf des Prozesses, an dessen Ende das Todesurteil stand, hatte mit den Verfahrensregeln der jüdischen Rechtssprechung nichts gemein.

Gleichwohl hatten die Juden unter der Schuldzuweisung jahrhundertelang schwer zu leiden. Jedes jüdische Kind trug schon von Geburt an eine Art Kainszeichen, ein Bannmal, das auf seine Abkunft wies und letztlich jede Bezichtigung rechtfertigte. Hier, in der frühen und vorverurteilenden Behandlung von Menschen allein aufgrund ihrer Geburt liegen die Wurzeln des Rassismus.

Mehr und mehr verstärkte sich der Druck auf die europäischen Juden, nachdem es vielerorts schon zur Zeit der Kreuzzüge zu Einschränkungen ihrer Rechte gekommen war. Sofern man sie nicht aus den Städten vertrieb, zwang man sie, abgeschlossene und besonders gekennzeichnete eigene Wohnviertel zu beziehen, unrühmlich bekannt unter dem mittelalterlichen italienischen Namen »Ghettos«. Kleidungsvorschriften, etwa die Pflicht zum Tragen ungewöhnlich geformter Hüte oder aufgenähter gelber Stoffmarkierungen, Vorläufer des »Judensterns« der Nazi-Zeit, sorgten dafür, daß man sie schon von weitem als Juden erkannte. Besonders hart aber traf sie die Beschränkung ihrer beruflichen Möglichkeiten. Nachdem es ihnen zunächst verboten war, Landwirtschaft zu betreiben, wurde Juden auch der Zugang zu bestimmten Handwerken versperrt. Erlaubt war dafür die im Mittelalter als anrüchig geltende Tätigkeit als Händler; schließlich wurde auch sie, jedenfalls in einigen Ländern, untersagt. So kam es, daß viele Juden, vom Weg in ehrbare bürgerliche Berufe ausgeschlossen, ihre einzige Existenzmöglichkeit im Geldverleih sahen. Einerlei, ob man Angehörige dieses Gewerbes als Bankiers oder, weniger freundlich, als Wucherer bezeichnete – im Verhältnis zur übrigen Bevölkerung riß die unselige Kausalkette von Mißtrauen und Mißverständnissen, von Verdächtigungen, Furcht und Haß dadurch nicht ab.

Die Französische Revolution leitete in Europa ein neues Zeitalter ein. Die Wiederbesinnung auf die Menschenrechte und deren offizielle Deklaration 1789 gab zunächst den Protestanten, dann auch den Juden die Gleichberechtigung gegenüber allen ihren Mitbürgern zurück. Natürlich erfolgte die praktische Umsetzung des Gleichheitsprinzips nicht von heute auf morgen. Es gab Widerstände, Verzögerungen und Rückschläge, dank Napoleon aber, der sich ihrer Sache energisch annahm, sahen die Juden sich an der Schwelle zum neuen Jahrhundert auch in anderen west- und mitteleuropäischen Ländern im Besitz von Freiheiten, die ihnen lange vorenthalten worden waren. Damit begann für sie, zumindest für einen Großteil, die Zeit ihrer sogenannten Emanzipation.

Gesellschaftliche Anerkennung und Gleichbehandlung, die Chance zu einem weitgehend selbstbestimmten Leben mit freier Berufswahl und der Möglichkeit, die Staatsbürgerschaft des Landes zu erwerben, in dem sie ihren Wohnsitz nahmen – alles dies hat nicht nur die äußere Situation der west- und mitteleuropäischen Juden im 19. Jahrhundert von Grund auf verändert. Mit dem Wegfall diskriminierender Gesetze wandelte sich auch ihr Verhältnis zur staatlichen Obrigkeit, und dankbar akzeptierten sie, daß zu den neuen Rechten auch normale Bürgerpflichten gehörten. So ist aus heutiger Sicht die Freude jener Juden nur schwer verständlich, die Napoleon zwangsweise zum Militärdienst einziehen ließ – auch das ein sichtbarer Beweis der Gleichheit aller vor dem Gesetz, wie sie die Verfassung vorschrieb. Als deutsche Variante dazu ließe sich der Stolz jüdischer Teilnehmer des Ersten Weltkriegs anführen: Die Juden hatten nicht nur einen proportional höheren Opferanteil erbracht als das übrige Volk, auch die Zahl ihrer Tapferkeitsauszeichnungen, vor allem der Eisernen Kreuze, lag um einiges höher.

Noch um die Mitte des vorigen Jahrhunderts sah es, was die Lage der europäischen Juden anging, so aus, als schritte ihre Emanzipation unaufhaltsam voran. Als eigenständige religiöse Kraft waren sie eher in den Hintergrund getreten, und die Bereitschaft, sie zu tolerieren, war allgemein deutlich gewachsen. Dennoch, trotz liberaler Gesetze, wurde Juden der Eintritt in die Gesellschaft nicht selten erschwert, manchmal auch ganz verweigert. In bürgerlichen, säkularen Kreisen hielten sich antijüdische Ressentiments, Vorbehalte und Vorurteile, die teilweise psychologisch bedingt waren, deren Wurzeln genaugenommen aber tief ins Mittelalter zurückreichten. Die Juden wollten von all dem nichts begreifen, erst recht nicht akzeptieren. Sie redeten sich ein, es handele sich lediglich um eine Art von Kinderkrankheit der anbrechenden modernen Gesellschaft. Beharrlich hielten sie an der Hoffnung fest, ihre Integration werde, je mehr sie voran-schreite, zumindest in West- und Mitteleuropa den Antisemitis-mus dämpfen oder gar ganz verdrängen.

Wie wenig realistisch diese Hoffnung gewesen ist, hat die Ge-schichte gezeigt. Zu denen, die noch vor der Jahrhundertwende die Vergeblichkeit des Traums von der absoluten Emanzipation in Europa an sich selbst erfahren mußten, gehört Alfred Dreyfus. Auch er, ein aus dem Elsaß stammender Jude, glaubte sich als Berufsoffizier im Generalstab der französischen Armee völlig integriert, bis man ihn der Spionage zugunsten Deutschlands be-schuldigte. Der Verlauf des Prozesses, den man ihm machte, des-sen Begleitumstände und politische Folgen, die sich zur »Drey-fus-Affäre« auswuchsen, sind bekannt, ebenso das persönliche Schicksal des Angeklagten, der wegen Hochverrats verurteilt wurde und jahrelang unschuldig auf einer Gefängnisinsel saß. 1899 stellte sich heraus, daß tatsächlich ein anderer Offizier, ein Major Esterházy, den Verrat begangen hatte. Dem zu Unrecht Verurteilten half das nur wenig: Man verurteilte ihn erneut, dies-mal, um den gewaltigen Ansehensverlust abzuwenden, den Ge-richt, Staat und Armee beim Eingeständnis hätten hinnehmen müssen, der erste Urteilsspruch sei irrtümlich erfolgt. Erst 1906, unter einer anderen Regierung, ist Dreyfus völlig rehabilitiert worden, so daß er seine militärische Karriere fortsetzen konnte.

Daß derartiges im damaligen Deutschland undenkbar war, hatte einen einfachen Grund: In der kaiserlichen Armee konnte ein Jude noch nicht Offizier werden oder überhaupt eine militä-rische Karriere antreten. In Frankreich aber, dem Land mit der fortschrittlichsten Verfassung, spaltete der Fall die gesamte Na-tion. Für einen Großteil der Bevölkerung ging es gar nicht um die Person Dreyfus und die dem Offizier angelastete Tat. Selbst die Empörung, der so oft beschworene Volkszorn, galt nicht allein diesem Mann und der Tatsache, daß er Jude war, sie richtete sich vielmehr gegen »die« Juden überhaupt – Dreyfus saß für sie so-zusagen nur stellvertretend auf der Anklagebank.

Dieser Eindruck war es auch, der sich, nachdem er zunächst an die Schuld des Angeklagten geglaubt hatte, einem bekannten österreichischen Journalisten mitteilte. Er lebte seit 1891 in Paris, war Korrespondent der Wiener »Neuen Freien Presse« und verfolgte den Dreyfus-Prozeß nicht nur aus journalistischem Interesse, denn er war selber Jude: Theodor Herzl.

Herzl, in Budapest geboren, war ein frankophiler Geist, ein vorbehaltloser Bewunderer Napoleons. Er stammte aus einer assimilierten Familie, die, wie so viele Juden im Westen, infolge der Emanzipation ihr Judentum weitgehend abgelegt hatten und sich der Wurzeln ihrer Abkunft kaum mehr bewußt waren. Herzl also, der assimilierte, moderne westliche Jude als Verehrer Napoleons an dessen Grab im Hof des Invalidendoms, an der Ruhestätte des Mannes, dem so viele europäische Juden die Emanzipation verdankten, und dann am Schauplatz des Dreyfus-Prozesses, im Gerichtssaal, in dem der Angeklagte öffentlich entehrt und vor dem der Mob antisemitische Parolen brüllt – Herzl hat dies sein Leben lang nicht vergessen.

Wie konnte er auch? Wie kam es, daß das Volk der Revolution, das den Menschenrechten so entschieden Geltung verschafft hatte, immer noch oder wieder sich zu derart haßerfüllten antijüdischen Ausbrüchen hinreißen ließ? Welche Kräfte waren am Werk, die nach hundertjähriger erfolgreicher Integration der Juden deren erneute Diskriminierung betrieben? Herzl fand nicht sofort eine Antwort darauf, er ahnte indes die einzige Konsequenz, die aus den Vorgängen um Dreyfus zu ziehen war: Wenn sich nicht nur in Osteuropa, in Österreich-Ungarn und Deutschland, sondern selbst in Frankreich, dem Stammland der Toleranz, ein neuer Antisemitismus etablierte, dann gab es für die europäischen Juden eigentlich keine Hoffnung mehr. Allein in einem eigenen Staat, wie er jedem europäischen Volk eine nationale Heimstatt bot, würden sie ihre Identität und Unabhängigkeit finden können, unangefeindet und mit dem Recht zu freier Selbstbestimmung.

Es waren hochgesteckte Ziele, die Theodor Herzls Zionistische Bewegung verfolgte. »Zion« ist der hebräische Name des Bergs, auf dem Salomon den Tempel in Jerusalem errichtete, im weiteren Sinne bezeichnet das Wort auch die Stadt selbst, im Volksmund auch das ganze Land. Der Begriff Zionismus meinte konkret also den Willen zur Rückkehr nach Zion, nach Israel, nach Palästina, die Ansiedlung im ursprünglichen Vaterland.

Nicht alle europäischen Juden waren sofort von Herzls Ideen, die er 1896 veröffentlichte, angetan. In Deutschland etwa war die Hoffnung auf Emanzipation, Integration und Gleichberechtigung selbst zur Nazi-Zeit noch nicht erloschen. Um die Jahrhundertwende wiederum meinten manche Juden, besonders in Osteuropa, ihr künftiges Heil im Kommunismus zu erkennen, weil er – utopischerweise – die vollkommene Gleichheit aller Menschen, einschließlich der Juden, verkündete. Die streng orthodoxen Juden schließlich bezogen ihre Argumente zur Ablehnung des Zionismus aus dem Glauben, daß die Erlösung allein von Gott kommen dürfe, jeder Versuch, sie »künstlich« zu erzwingen, sei ein Sakrileg.

Letztlich jedoch war es eine Mehrheit, die den Ideen Herzls zustimmte, ihnen zumindest Sympathie entgegenbrachte und sie nicht grundsätzlich verwarf. Nur wenige europäische Juden aber waren bereit, ihre einträglichen Positionen, ihre komfortablen Häuser, ihren soliden und oft über lange Zeit erworbenen Besitzstand samt allen liebgewordenen Gewohnheiten aufzugeben, um ein neues Leben in einem Land zu beginnen, von dem man wußte, daß es vorwiegend aus Wüste und Sumpf bestand. Dennoch hat seit dem Anfang dieses Jahrhunderts eine stetig gewachsene Zahl von Juden aus der Diaspora den Schritt gewagt, meist unter erheblichen politischen und materiellen Schwierigkeiten.

Herzl vereinte in sich visionäre Weitsicht und Pragmatismus; realitätsferne Schwärmerei war ihm fremd. Pläne und Ideen zum Aufbau seiner nationaljüdischen Bewegung verband er mit konkreten Vorstellungen, wie das Leben im künftigen Judenstaat sich gestalten werde. Danach sollte, wie Herzl darlegte, Deutsch die offizielle Nationalsprache sein, ein nach den Judenverfolgungen im Nazi-Reich geradezu abenteuerlich anmutender Plan, der aber zu der Zeit, in der er diskutiert wurde, durchaus realisierbar schien. Herzl ließ sich bei der Ausarbeitung seiner Idee einfach von der Tatsache leiten, daß die Mehrzahl der Juden, zu denen er in irgendeinem Kontakt stand, Juden nicht nur in West- und Osteuropa, sondern auch in Nord- und Südamerika, deutschsprachig waren, zumindest aber eine Verbindung zur deutschen Sprache über das Jiddische hatten, jene seit dem frühen Mittelalter entwickelte jüdische Mundart mit hauptsächlich deutschen Sprachanteilen. Deutsch, meinte Herzl, sei deshalb von allen Juden am schnellsten und leichtesten erlernbar, praktisch zudem auch deshalb, weil es als moderne Weltsprache in vielen Ländern gesprochen wurde.

Mit solchen Überlegungen erwies Herzl sich eher als Technokrat denn als ein in politischen Dimensionen denkender Sozial- und Staatswissenschaftler. Andererseits läßt sich eine Revolution – und Herzls Zionistische Bewegung kam einer solchen gleich – nicht allein mit pragmatischen Ideen inszenieren. Um Anhänger für den Zionismus zu gewinnen, sie zu motivieren und anzuspornen, bedurfte es Argumente, die das historisch-kulturelle Bewußtsein der Menschen und ihre Emotionen ansprachen. Die Religion spielte anfangs nur eine geringe Rolle, Herzls eigene religiöse Bindung war, wie erwähnt, eher schwach. Für die Neuerrichtung einer Nation aber war nicht nur die Einführung einer für alle verbindlichen gemeinsamen Sprache nötig, sie sollte ihre Kraft auch möglichst aus alten traditionellen Quellen beziehen. Dafür bot sich als nächstliegende die hebräische Sprache an, die Sprache der Bibel und die Volkssprache der Juden im alten Zion, die seit zweitausend Jahren allerdings nur noch beim Gebet in den Synagogen zu hören war. Herzls Verdienst und das seiner Anhänger und Nachfolger ist es, mit der Wahl des Neuhebräischen, das sich im Laufe der Jahrhunderte aus der althebräischen Sprache entwickelt hatte, die vielleicht wichtigste Entscheidung für die kulturelle Einheit des späteren Staates Israel getroffen zu haben. Zum Iwrith modernisiert, ist Hebräisch heute Amts- und Alltagssprache des israelischen Volkes. Niemand bezweifelt, daß die Einführung der Nationalsprache eine der unerläßlichen Voraussetzungen war, um den neuen Staat zu gründen und zu gestalten.

Auch wenn Herzls Pragmatismus sich in bezug auf die Sprache des Staates, zu dessen Gründung er aufrief, nicht durchsetzte, auf anderen Gebieten bewährte er sich durchaus, mochte er sich vorerst auch nur in Wunsch- und Absichtserklärungen äußern. Um sie richtig einschätzen zu können, muß man sich vergegenwärtigen, wie wenig die Welt, in der Herzl lebte, von demokratischen Werten und Kriterien geprägt war: Die große Mehrheit der Menschheit wußte von Demokratie so gut wie nichts. Echte parlamentarische Demokratien hatten, von den Vereinigten Staaten abgesehen, eigentlich nur Frankreich und die Schweiz aufzuweisen, bei allen – unterschiedlich großen – Fortschritten, mit denen sich monarchisch regierte Länder wie Großbritannien auf eine Liberalisierung der Staatsform zubewegten.

Im Demokratieverständnis Theodor Herzls sammeln sich Erfahrungen, auch negative, die er während seines Aufenthalts in Frankreich machte. Demokratisches Gedankengut konnte sich, wie die Dreyfus-Affäre zeigte, in der Dritten Republik nur schwer gegen royalistische und reaktionäre Kräfte durchsetzen, gleichwohl galt Frankreich um 1890 bereits als eine voll ausgebildete parlamentarische Demokratie mit einer in Europa bis dahin beispiellos liberalen Verfassung. Herzl, der im geistigen Klima der österreichisch-ungarischen Monarchie aufgewachsen war und das Deutsche Kaiserreich bewunderte, ließ die Begegnung mit der modernen Staatsform Frankreichs natürlich nicht unbeeindruckt. Vielmehr gewann er Erkenntnisse, die in der Zionistischen Bewegung sogleich positiv zum Tragen kamen, und dies nicht zuletzt, weil ihr Gründer sich wiederum ganz pragmatisch verhielt – dem praktischen Nutzen dienend.

So bestand Herzl von Anfang an darauf, die Zionistische Bewegung nach demokratischen Prinzipien zu organisieren. Sämtliche Aktivitäten gingen von Gruppierungen unterschiedlichster politischer Richtungen aus – ein Novum in der Geschichte von Volks- oder Massenbewegungen. Wer hatte schon jemals von einer Organisation gehört, die bei ihrer Gründung Meinungsvielfalt und Richtungskämpfe mit zur Grundlage ihres Wirkens machte? Als Jahresbeitrag hatte jedes Mitglied einen Schekel zu entrichten, einen Betrag der alten biblischen Währungseinheit, an die Herzl erinnern und deren Wiedereinführung er zugleich auf diese Weise propagieren wollte.

Daß der Erfolg seiner Bewegung von einer klugen Informationspolitik abhängen würde, war Herzl bewußt. Als Vorbild auch in dieser Hinsicht diente ihm Napoleon, der Reformator und Neugestalter des französischen Staates, der sich wohl als erster politischer Führer in der Weltgeschichte der Einflußkraft der Medien bewußt war und sie geschickt für seine Zwecke zu nutzen wußte, als Instrument zur Lenkung der Massen. Wie tief beeindruckt Herzl von den Möglichkeiten war, durch publizistische Mittel auf die öffentliche Meinung einzuwirken – Napoleon war für ihn ein virtuoser Meister dieser Kunst –, geht aus seinem Tagebuch hervor. Den Hoffnungen und Ansprüchen, die er daraus für sich selbst, mehr noch für den Erfolg seiner Bewegung schöpfte, entsprach der Titel der von Herzl gegründeten ersten zionistischen Zeitung »Die Welt«. Zwar ging es, wenn man den Titel wörtlich nahm, nur um einen in globalem Maßstab winzigen Teil der Erde, das kleine Palästina, die Botschaft des Zionismus aber richtete sich an alle zivilisierten Länder.

Daß Israel heute ein westlicher, parlamentarisch-demokratisch regierter Staat ist, kann nicht unbedingt als selbstverständlich gelten. Nur ein geringer Teil der Einwanderer, Vorfahren der heutigen Israelis, kam aus demokratischen Ländern. Die Mehrzahl der ersten Juden, die es nach Palästina zog, stammte aus dem zaristischen Rußland und anderen absoluten Monarchien Osteuropas; später, nach dem Ersten Weltkrieg, strömten überwiegend jüdische Emigranten aus der jungen Sowjetunion und aus Militärdiktaturen ins Land. Aus osteuropäischen Staaten, zunehmend auch aus islamischen Ländern kam das Gros der Einwanderer, nachdem Israel unabhängig geworden war. Die sogenannte westliche Immigration hatte schon lange vorher eingesetzt, ein massiver Zustrom vor allem deutschsprachiger Juden. Bei vielen handelte es sich um ehemalige deutsche Staatsbürger mit einem noch von der Weimarer Republik geprägten Demokratieverständnis, eine dauerhaft tiefe Erziehung zur Demokratie aber hatten sie aufgrund der Zeitumstände, teilweise auch altersbedingt, nicht erfahren. Sie setzte, gelegentlich unsicher und über Umwege, erst in Israel ein.

Alles in allem gibt es an der enormen Größe des Beitrags, den die nach Israel eingewanderten deutschen Juden zur Entwicklung des Landes leisteten, nicht den geringsten Zweifel. Auf manchen Gebieten wirkte er sich geradezu revolutionierend, auf jeden Fall segensreich aus. Die Ergebnisse ihrer Aufbauarbeit – auf wirtschaftlichem und wissenschaftlichem Sektor ebenso wie in kulturellen Bereichen – sind überall sichtbar, in politischer Hinsicht aber haben die deutschen Juden eine kaum spürbare Rolle gespielt. Sie integrierten sich passiv in Parteien und sonstigen Organisationen, ohne darin sonderlich hervorzutreten.

Wie also war es möglich, daß sich stabile demokratische Traditionen in einem Land bilden konnten, dessen Volk im Grunde genommen keine demokratischen Wurzeln besaß? Hinzu kommt bis heute, daß der Staat Israel seit Erlangung seiner Unabhängigkeit vor fünfzig Jahren sich ununterbrochen im Kriegszustand befindet, die Bevölkerung mithin nie eine noch so kurze Zeit des Friedens erlebt hat. Vergleichbare Fälle in der neueren Geschichte gibt es nicht, und bekanntlich wirkt sich der Zustand des Krieges, wenn er ein demokratisches Land befällt, nicht eben günstig auf den Fortbestand seiner Demokratie aus. Sollte diese Regel nicht auch auf Israel zutreffen?

Israels Status ist unverändert der einer echten parlamentarischen Demokratie. Es ist mit Herzls Verdienst, dafür die Grundlagen geschaffen zu haben, allein schon, indem er die einzelnen Organe der Zionistischen Bewegung nach elementaren demokratischen Gesichtspunkten aufbaute. Dieser ideelle Kern der Bewegung erwies sich als beständig genug gegenüber gegenläufigen Ideen, die mit den Einwanderungswellen nach Israel gelangten: Statt sich zu verselbständigen, wurden sie mehr und mehr integriert.

An Herzls Pragmatismus fasziniert der utopische Aspekt, dem die meisten seiner Pläne für den künftigen »Judenstaat« anhafteten – solange, bis diese Ideen und Projekte ihrer Realisierung näherrückten oder sich gar erfüllten. Pragmatische Utopie oder utopischer Pragmatismus – Herzls Entwurfskategorien schlossen immer die Vorstellung an das wirklich Machbare ein. Daß manche seiner Ideen, auch sein Hauptziel, die Rückführung des jüdischen Volkes in dessen historische Heimat, nur in Etappen verwirklicht und erreicht wurden, ändert nichts an ihrer weltverändernden Kraft. 1948, als Ministerpräsident Ben Gurion die Unabhängigkeit des Staates Israel ausrief, lag die Zahl der israelischen Gesamtbevölkerung bei 600 000 Einwohnern. Heute beträgt sie etwa sechs Millionen, das Zehnfache also nach fünfzig Jahren.

Wirklichkeit wurde auch Theodor Herzls Traum von einer technisch hochentwickelten Heimstatt der Juden mit industriellen Produktionsmethoden und moderner, leistungskräftiger Wissenschaft und Forschung. Während das Bruttosozialprodukt des Staates Israel im zweiten Jahr seiner Unabhängigkeit bei weniger als einer Milliarde Mark – im Wert der heutigen DM gerechnet – lag, beträgt es heute rund 180 Milliarden, vor allem dank der Einführung neuer Technologien, hauptsächlich auf dem Gebiet Hochtechnologie.

Zur Idee eines friedlichen Verhältnisses der Juden zu den Nachbarvölkern und einer engen Zusammenarbeit mit ihnen ge-

hörte Herzls Vorstellung, gigantische Projekte, gemeinsam entwickelt und genutzt, könnten die Ko-Existenz dauerhaft besie-
geln. So entwarf er bis in die Details einen Kanal zwischen dem
Mittelmeer und dem Toten Meer. Da das Tote Meer, überlegte er,
vierhundert Meter unter dem Meeresspiegel liegt, könnte der
kräftige Zustrom von Salzwasser nicht nur der Energieversor-
gung dienen, er würde auch Süßwasserreserven schonen und das
Tote Meer füllen, dessen Süßwasserquellen sich umleiten und für
die Landwirtschaft nutzen ließen. Überdies könnte man entlang
des Kanals Industrie ansiedeln, denn Industrie benötigt Wasser
zur Kühlung und müßte ihren Bedarf nicht mit Süßwasser dek-
ken, einer Kostbarkeit in den Ländern des Nahen Ostens.

Bisher bleibt dies alles Utopie, dürfte es auf längere Sicht aber
kaum bleiben. Israels Friedensschluß mit Ägypten und Jordanien
werden Abkommen mit den übrigen arabischen Ländern folgen,
die allen Beteiligten jenes friedliche Nebeneinander erlauben, das
Theodor Herzl als selbstverständliche Existenzform der nahöstlichen Völker ansah. Während Israel schwierige Verhandlungen
mit den Palästinensern und anderen Nachbarn über ein Friedensabkommen führt, wird schon heute – gleichsam hinter den Kulissen – über gemeinsame überregionale Entwicklungspläne gesprochen, ganz im Sinne übrigens von Theodor Herzl. So geht es
beispielsweise auch in Gesprächen mit Jordanien um den Bau
eines Kanals – nicht vom Mittelmeer, sondern vom Roten zum
Toten Meer. Da die Spiegel des Roten Meers und des Mittelmeers
gleich hoch sind, würde sich mit allen Nutzungsvorteilen genau
der Effekt einstellen, den Herzl im Auge hatte. Es gäbe nur einen
Unterschied: Der Kanal, ein internationales Projekt, soll entlang
der israelisch-jordanischen Grenze verlaufen, so daß gleichermaßen beide Länder davon profitierten.

Die Zeiträume, die Theodor Herzl der Verwirklichung vieler
seiner Pläne zugedacht hat, hielten deren Kühnheit nicht immer
stand. Der Visionär scheiterte an der Wirklichkeit, sie aber oft genug auch an ihm. Als er 1904 mit erst vierundvierzig Jahren starb,

durfte er immerhin sicher sein, daß sein Lebensziel nicht verfehlt war. Er sah es vielmehr in deutlich greifbarer Nähe.

Israel – das Entstehen des neuen Staates

In den letzten Jahrzehnten des vorigen Jahrhunderts war in den einzelnen europäischen Ländern die Emanzipation der Juden unterschiedlich weit fortgeschritten. Am langsamsten verlief sie im Zarenreich und in anderen Staaten Osteuropas. Emanzipieren konnte sich nur, wem die Gesetze es erlaubten. Die aber grenzten in aller Regel Juden gesellschaftlich aus, indem sie ihnen gewöhnliche Bürgerrechte verweigerten, mit der Folge, daß hier, in ihren immer wieder von Pogromen bedrohten eigenen Wohnvierteln, den Ghettos, den Juden ihre Identität sehr viel länger und stärker bewußt blieb, als jenen in den auch zahlenmäßig insgesamt kleineren Gemeinden West- und Mitteleuropas. Auch der Traum von einem eigenen Staat war unter den jahrhundertelang gedemütigten Ostjuden lebendiger als anderswo.

Als die Zionistische Bewegung ihre Arbeit mit dem Ziel aufnahm, das zerstreute jüdische Volk in seine alte biblische Heimat zurückzuführen, stand diese noch unter der Herrschaft des türkischen Osmanenreiches. Gegen Ende des Ersten Weltkriegs, als britische Truppen das Land besetzten, lebten in Palästina etwa achtzigtausend Juden und eine halbe Million Nichtjuden, in der Mehrzahl Araber oder arabisch sprechende Einwohner, überwiegend Moslems.

Zunächst hielt sich die Menge der Einwanderer, die dem Ruf der Zionisten folgten und sich selber zur zionistischen Idee bekannten, in überschaubaren Grenzen. Die meisten von ihnen ließen sich nicht in den kleinen urbanen Zentren nieder, die von Arabern bewohnt waren, sondern gingen als Pioniere ins Sumpfland oder in die Wüste, um die neue Heimat unter oft großen Entbehrungen urbar zu machen. Ihre Arbeit hat die Lebensmöglichkeiten in Palästina in der Tat stetig verbessert, was sich wiederum günstig auf die demographische Entwicklung des Landes auswirkte, und zwar keineswegs nur in bezug auf die Juden. Zunehmend nämlich wanderten auch Araber aus den Nachbarländern ein. Sie kamen allein aus wirtschaftlich-materiellen, nicht etwa aus irgendwelchen ideologischen Gründen, angelockt von der Aussicht auf Broterwerb durch Arbeit. So bildeten sich in Palästina allmählich zwei nach Herkunft und Sprache verschiedene, sich fortwährend vergrößernde Bevölkerungsgruppen, die trotz unterschiedlicher nationaler Identität im allgemeinen friedlich miteinander umgingen. Gegensätze traten erst im Verlauf des Ersten Weltkriegs zutage, als sich das Ende der Türkenherrschaft abzuzeichnen begann und die Unterstellung des Landes unter britische Oberhoheit immer wahrscheinlicher wurde.

Tatsächlich hatten sich Großbritannien und Frankreich 1916 in einem Geheimabkommen darauf verständigt, den türkischen Nahen Osten unter sich aufzuteilen. Die nach den Verhandlungsführern Sykes und Picot benannten Vereinbarungen sahen vor, Syrien und den Libanon Frankreich zu überlassen, während Palästina, das künftige Transjordanien – damals noch ein Teil Palästinas – und der Irak unter britische Herrschaft fallen sollten. Die spätere Umsetzung der Abmachungen entsprach nicht ganz ihrem ursprünglichen Sinn, auch nicht den Punkten, die territoriale Fragen betrafen. Vorerst aber blieben die Bestrebungen der Zionistischen Bewegungen davon ebenso unberührt wie die sich mehr und mehr verdichtende Gewißheit, daß eines Tages britische Behörden die Macht in Palästina ausüben würden. Darauf galt es sich einzustellen, ganz besonders auch im Blick auf die jüdische Rückwanderung, deren Erfolg wesentlich vom Wohlwollen der Engländer abhängen würde.

Nach dem Tod Theodor Herzls rückte Chaim Weizmann an die Spitze der Zionistischen Bewegung. Der Onkel des heutigen israelischen Staatsoberhaupts war russischer Jude, genoß als Naturwissenschaftler hohes Ansehen und hatte sich vor allem als Forscher und Erfinder auf dem Gebiet der Chemie schon einen Namen gemacht, als er 1906 in London dem britischen Politiker Arthur James Balfour begegnete. Bereits damals suchte Weizmann den ehemaligen Premierminister für die Sache des Zionismus zu gewinnen. Balfour zeigte sich beeindruckt, doch vergingen mehr als zehn Jahre, bis jene Erklärung zustande kam, die mit seinem Namen verbunden und neben dem Sykes-Picot-Abkommen eines der wichtigsten Dokumente in der jüngeren Vorgeschichte des jüdischen Staates ist.

Um seinem Ziel näherzukommen, mußte Weizmann in London weitere Beziehungen zu hochrangigen Politikern knüpfen. Vordringlich ging es ihm um eine regierungsamtliche Zusage, die Heimkehr von Juden nach Palästina zu billigen, möglichst sogar zu unterstützen. Weizmanns wissenschaftlicher Ruf öffnete ihm viele Türen, entscheidend für den Erfolg seiner Bemühungen aber war eine Erfindung von kriegswichtiger Bedeutung, ein neues Verfahren zur Azetonherstellung, das die britische Rüstungsindustrie sofort aufgriff und Weizmann mit einem Schlag zu einem für die weitere Kriegsführung unentbehrlichen Forscher machte. Der Inhalt des Schreibens, das Lord Balfour, inzwischen Außenminister unter Lloyd George, am 2. November 1917 unterzeichnete, entsprach ziemlich genau Weizmanns Vorstellungen, dem jüdischen Volk in Palästina eine neue Heimat zu bereiten. Allerdings war es nicht an ihn gerichtet, sondern an Lord Edmond James de Rothschild, das Oberhaupt des britischen Zweiges der Rothschild-Familie:

»Die Regierung Seiner Majestät betrachtet die Gründung einer nationalen Heimstätte in Palästina für das jüdische Volk mit Wohlwollen und wird nach Kräften bemüht sein, die Verwirklichung dieses Ziels zu erleichtern, unter der Voraussetzung, daß nichts unternommen wird, das die bürgerlichen und religiösen Rechte bestehender nichtjüdischer Gemeinschaften in Palästina oder die Rechte und den politischen Status von Juden in irgendeinem anderen Land beeinträchtigen könnte. Ich bitte Sie, diese Erklärung der Zionistischen Föderation zur Kenntnis zu bringen.«

Daß nicht Chaim Weizmann der Adressat des Briefes war, sondern ein Mitglied der Rothschilds, muß verwundern. In der wohlhabenden und einflußreichen Familie gab es tatkräftige Förderer der Zionistischen Bewegung, allen voran Baron Edmond de Rothschild aus Frankreich, der bekannt dafür ist, daß er sich bei der Errichtung der ersten jüdischen Siedlungen in Palästina finanziell stark engagiert hat. Andere Rothschilds dagegen standen den Zionisten eher gleichgültig oder ablehnend gegenüber, und in Palästina selbst hat sich niemand von ihnen anzusiedeln versucht. Welchen Grund also konnte es für Lord Balfour geben, sich mit der Erklärung, die so eindeutig für die Interessen der Zionistischen Bewegung eintrat, ausgerechnet an einen Rothschild zu wenden?

Weizmann konnte, als er sich in England Zutritt zu höchsten Regierungs- und Gesellschaftskreisen verschaffte, nicht nur große wissenschaftliche Verdienste vorweisen. Er verfügte auch über eine bemerkenswerte diplomatische Begabung, die er klug und zielstrebig einzusetzen wußte. Hinzu kamen – wichtig für seine Überzeugungsarbeit – beachtliche Erfolge der Zionistischen Bewegung in Palästina, Erfolge aus den letzten fünfzehn, sechzehn Jahren bei der Einwanderung und Neuansiedlung vor allem europäischer Juden, die das Selbstbewußtsein der bereits seit längerem ansässigen jüdischen Bevölkerung gestärkt und neue Realitäten geschaffen hatten. Wenn Theodor Herzl bei den Großen der Welt allein für seine Ideen werben mußte, verwies Weizmann bereits auf erste praktische Schritte ihrer Verwirklichung. Dennoch bleibt unklar, ob diese Vorteile Weizmanns sich entscheidend auf das Zustandekommen des Balfour-Dokuments ausgewirkt haben.

Die Briten nämlich betrieben damals im Kampf gegen die Türkei eine Politik, die keineswegs nur eigene Interessen und die ihrer französischen Verbündeten verfolgte. Der Abschluß des Sykes-Picot-Abkommens hinderte sie nicht, hinter dem Rücken der Franzosen dem Herrscher über die heiligen Stätten des Islam in Arabien, Hussein ibn Ali, dem Urgroßvater des heutigen jordanischen Königs, große Gebiete des Nahen Ostens zuzusprechen, darunter Syrien, die den Vereinbarungen zufolge Frankreich gehören sollten. Doch blieb es nicht nur bei verbalen Zusagen. England ging gegenüber Hussein, dem Scherif von Mekka und König aus dem Geschlecht der Haschimiten, auch finanzielle Verpflichtungen ein, als es T. E. Lawrence, den berühmten »Lawrence von Arabien«, mit der Vorbereitung der Beduinenaufstände gegen die türkische Orientarmee beauftragte.

Das Doppelspiel der Briten nahm noch eine weitere, dritte Dimension an: Nachdem die Londoner Regierung Hussein Territorien versprochen hatte, über die, laut Vertrag, Frankreich verfügen sollte, wurden Ibn Saud, Oberhaupt der Wahhabiten und Erzfeind der Haschimiten, jene Teile des Nahen Ostens versprochen, die – theoretisch – bereits zweimal vergeben waren, einschließlich der Arabischen Halbinsel, des Herzens des Haschimiten-Reiches. Diese Zusage kam allerdings nicht aus London, sondern von der britischen Kolonialregierung in Indien. Daß sich aus einer derart winkelreichen »Diplomatie« mehrere Konflikte und Krisen entwickelten, kann kaum verwundern, sie sind nur weniger bekannt als jene zwischen Israelis und Arabern.

Trotzdem, aller fragwürdigen Schachzüge der britischen Orientpolitik im Ersten Weltkrieg ungeachtet, wird man ihr nicht das Recht absprechen können, nach allen nur möglichen Mitteln und Wegen suchen, um den Krieg zu gewinnen. Unter solchen übergeordneten Aspekten ist wohl auch die Balfour-Erklärung zu sehen. Die Juden galten immer schon als ein mysteriöses Volk, im politischen Kräftespiel schwer einschätzbar, meist verhaßt, gelegentlich gefürchtet. Der britische Außenminister suchte sich wohl einfach, als er die Erklärung unterschrieb, auch der Unterstützung der Juden bei der Erreichung des Kriegsziels zu versichern, und zwar möglichst der Juden in aller Welt. Das war kein leichtes Unterfangen, wenn man von deren damaliger Situation ausgeht.

Im deutschen wie im österreichischen Kaiserreich bestand die Mehrzahl der Juden aus Patrioten. Die Habsburger Monarchie besaß in ihnen loyale, kaisertreue Untertanen, während sich die Vaterlandsliebe der deutschen Juden beispielsweise in der Begeisterung äußerte, mit der sie sich im militärfähigen Alter bei Kriegsausbruch freiwillig zu den Waffen meldeten, häufiger im Durchschnitt übrigens als Nichtjuden.

Mit der Unterstützung seitens der Juden in den verbündeten Ländern war ebenfalls nicht ohne weiteres zu rechnen. In kaum einem anderen Land litten sie damals unter so erniedrigenden Diskriminierungen, nirgendwo waren sie so anhaltend heftigen Verfolgungen ausgesetzt wie im zaristischen Rußland. Und was die amerikanischen Juden betraf, die man in England gleichfalls im Blick hatte, so erwies sich die Hoffnung, sie könnten den Interessen der deutschstämmigen Amerikaner entgegenwirken und vielleicht mithelfen, die Vereinigten Staaten zum Kriegseintritt zu bewegen, als illusorisch. Ihre Neigung, für eine der Kriegsparteien Stellung zu beziehen, war gering. Wenn überhaupt, dann wäre die Entscheidung eher zugunsten der deutsch-österreichischen Allianz ausgefallen, die gegen das offen antisemitische Zarenreich kämpfte.

Am Ende überwog bei den politischen Initiatoren der Balfour-Erklärung die Absicht, nicht nur bei den Juden Amerikas, sondern beim gesamten jüdischen Volk – gleich, ob Zionisten oder nicht – Sympathien dadurch zu gewinnen, daß man den Zielen der Zionistischen Bewegung grundsätzlich zustimmte, ohne sich allzu direkt mit ihnen zu identifizieren. Dies könnte erklären, weshalb die Briten ihre Zusage, »die Gründung einer nationalen Heimstätte in Palästina« zu fördern, nicht an den Vorsitzenden der zionistischen Organisation adressierten, sondern an ein Mitglied der Rothschild-Familie. Aus unerklärlichen Gründen repräsentierten die Rothschilds für die Verfasser der Erklärung das gesamte jüdische Volk.

Was aber im einzelnen auch die Beweggründe gewesen sein mögen, die Deklaration verlieh der Zionistischen Bewegung politisches Gewicht, sie gab ihr einen legalen, zunächst wenigstens scheinlegalen Hintergrund. Was Herzl vergeblich bei den Engländern, bei dem türkischen Sultan, dem deutschen Kaiser, dem russischen Innenminister und dem Ministerpräsidenten Österreich-Ungarns zu erreichen versucht hatte, das gelang endlich 1917, kurz bevor die Briten das von den Türken besetzte Palästina eroberten.

Drei Jahre später, 1920, wurde Palästina auf Beschluß des Völkerbunds englisches Mandatsgebiet. Das entsprechende Dokument schloß ausdrücklich das Versprechen der Balfour-Erklärung in bezug auf die Gründung einer nationalen Heimstatt für die jüdische Bevölkerung Palästinas ein. Für die Zionistische Bewegung stellte der Auftrag an die Briten, Palästina bis zur Erlangung der staatlichen Unabhängigkeit unter internationaler Aufsicht zu verwalten und den dort lebenden Juden besondere Rechte zu garantieren, den bis dahin größten Erfolg dar.

Zunächst aber ging die Mandatsmacht daran, das Land zu teilen. Das östlich des Jordan gelegene Gebiet wurde 1923 unter dem Namen Transjordanien zum selbständigen Fürstentum und der Herrschaft der Haschimiten-Familie unterstellt. Sie war, anfangs ebenfalls von den Briten unterstützt, von den Saudis aus ihrer arabischen Heimat vertrieben worden. 1949, nachdem es drei Jahre vorher unabhängig geworden war, ging aus diesem Landesteil das heutige Königreich Jordanien hervor.

Im Westen des Landes konnte sich während des ständigen Zustroms von Einwanderern die jüdisch-zionistische Gemeinschaft verhältnismäßig frei entfalten. Die vom Völkerbund bekräftigte Garantie auf Heimkehr in die historische Heimat bot genügend

Freiraum zum Aufbau einer echten, gut funktionierenden Selbstverwaltung. So bildete sich unter der Aufsicht der britischen Mandatsbehörden allmählich eine Art jüdischer Staatlichkeit mit autonomen Zügen, der es schließlich fast nur noch an internationaler Anerkennung fehlte.

Dem Erwerb von Land, das teilweise seit Jahrtausenden unbewohnt gewesen war, folgte dessen Urbarmachung. Im Grunde liefen zwei Entwicklungen parallel: Im Land verwandelten sich Wüsten- und Sumpfregionen in fruchtbare Böden, während die Menschen, die dieses Wunder mit schwerer körperlicher Arbeit zustande brachten, von einer ehemals meist kleinstädtischen Existenz, die auf Handel und Handwerk beruhte, in landwirtschaftliche Berufe überwechselten.

Grundlage und Rahmen dieser Entwicklung und als Produktionsstätten auch sichtbarste Zeichen ihres Erfolgs waren die Kibbuzzim. Das hebräische Wort Kibbuz bedeutet soviel wie Zusammenschluß, Versammlung, Gemeinschaft. Es bezeichnet eine neue Form des gemeinschaftlichen Zusammenlebens in Siedlungen mit gleichen Rechten und Pflichten für jeden, der sich entschlossen hat, einer solchen Großkommune beizutreten und in ihr zu arbeiten. Die politischen Gesetze, nach denen der Alltag verläuft, ähneln denen der athenischen Volksdemokratie. Das erwirtschaftete wie auch das von den Mitgliedern eingebrachte Eigentum wird auf Gemeindebasis verwaltet, die Arbeit von der Gemeinde verteilt. Sogar die Erziehung der Kinder fällt in die Zuständigkeit des Kibbuz. Ein idealistisches Lebensmodell also nach dem Gleichheitsgrundsatz im besten Sinne des utopischen Kommunismus, das aber auch Vorstellungen aus anderen Ideologien vereinigte, etwa Gedankengut der frühen deutschen Jugendbewegung oder gewisse Leitideen zur Lebenspraxis ländlicher Solidargemeinschaften im alten Rußland.

Der Hauptunterschied zwischen dem Leben in einem Kibbuz und demjenigen in einem kommunistischen Kollektiv bestand unter anderem darin, daß der Beitritt zum Kibbuz auf Freiwilligkeit beruhte. Die Aufnahme hing von der Zustimmung der Gemeinschaft ab, ein Ausscheiden war jederzeit möglich. Zudem waren und sind die Kibbuzzim keine staatlichen Einrichtungen, sondern eher privaten Genossenschaften vergleichbar. Der Pioniergeist, der sie beseelte, und ihre ebenso leidenschaftliche Hingabe an die zionistische Idee befähigte ihre Mitglieder zu Leistungen, die sie weder in einer freien kapitalistischen Gesellschaft noch in einem autoritären Staat hätten erbringen können. Doch nicht nur der Wille zur wirtschaftlichen Entwicklung des Landes und das Bemühen, dem Zionismus Geltung zu verschaffen, haben die Arbeit in den Kibbuzzim über Jahrzehnte so erfolgreich geprägt. Nicht weniger mächtig war das Streben nach einer besseren, humanen, sozial gerechten Welt.

Von ihrem ursprünglichen, bis in die späten sechziger Jahre beibehaltenen Charakter als Zentren gemeinschaftlichen Lebens und Arbeitens vor allem in der Landwirtschaft haben die Kibbuzzim heute viel verloren. Der Anteil ihrer Mitglieder an der Gesamtbevölkerung liegt bei nur 2,5 bis drei Prozent, und der einst straff organisierte Zusammenhalt der Kommunen ist wesentlich lockerer geworden. Unleugbar aber ist die Größe des Beitrags, den diese einst vorbildlichen Einrichtungen zum Erfolg der zionistischen Aufbauarbeit in Palästina geleistet haben.

1929 begann, was ihre Selbstbestimmung und den Weg zur staatlichen Unabhängigkeit angeht, für die jüdische Bevölkerung Palästinas eine neue Phase. Mit der Gründung der sogenannten Jüdischen Agentur nahm ein Gremium die Arbeit auf, das wie eine Regierung strukturiert und wie eine solche kompetent besetzt und voll handlungsfähig war. Infolgedessen konnte die Agentur 1948, nach der Erklärung der staatlichen Unabhängigkeit, sofort die Funktionen einer normalen Regierung übernehmen: Ben Gurion, der langjährige letzte Chef der Jüdischen Agentur, wurde Ministerpräsident, der Leiter ihrer politischen Abteilung, Moshe Sharett, Außenminister, der bisherige Leiter des Finanzressorts übernahm das Finanzministerium und so fort.

Nach der Gründung der Agentur konzentrierten sich weiterhin alle Bemühungen auf den Ankauf von Land und dessen Erschließung. Gleichzeitig machte sich ein verstärktes Autonomiestreben geltend, dem die britische Mandatsmacht allerdings bald gewisse Grenzen zog. Ohnehin hatte es Großbritannien nach dem Ersten Weltkrieg an Beweisen für das erklärte »Wohlwollen« gegenüber der Zionistischen Bewegung fehlen lassen. Schon Herbert Samuel, seit 1920 erster Hoher Kommissar (Gouverneur) für Palästina, gab, obwohl selbst Jude, seine anfänglichen Sympathien für den Zionismus auf und ging mehr und mehr auf Distanz. Weitgehend hing dies mit der Interessenverlagerung zusammen, die die britische Regierung nach dem Krieg vornahm und deren Nutznießer vornehmlich die Araber waren. Machtpolitische Erwägungen, die sich in den letzten Kriegsjahren noch zugunsten der Juden ausgewirkt hatten, verloren in den zwanziger Jahren an Gewicht oder änderten ihre Richtung.

Den Zionisten schien dieser Wandel in der britischen Nahostpolitik keineswegs unbegreiflich. Chaim Weizmann besann sich auf die Vorstellungen seines Vorgängers Herzl, der im »Judenstaat«, wie er ihm vorschwebte, eine enge Zusammenarbeit zwischen Zionisten und den arabischen Nachbarn für unerläßlich gehalten hatte. Weizmann fiel die Aufgabe zu, den Weg dorthin zu bahnen. Als höchstgeachteter Vertrauter der englischen Regierung, die in Palästina die Macht ausübte, und erste Autorität der Zionisten in aller Welt hielt er Ausschau nach einem ebenbürtigen arabischen Partner, dessen Integrität und politischer Weitblick auf Verständigung hoffen ließen.

1918 überquerte Weizmann den Jordan, um diesem Mann zu begegnen. Es war Prinz Faisal, das neue Oberhaupt der Haschimiten-Familie, künftiger König von Syrien und – ab 1921 – König des Irak, Großonkel des heutigen Königs von Jordanien. Faisal wirkte damals wie eine Galionsfigur der arabischen Welt. Zwar gab er seine Bedenken hinsichtlich der Ziele der Zionistischen Bewegung nicht gänzlich auf, die Einigung aber, die mit Weizmann zustande kam, erschien wie eine Verheißung für das künftige Verhältnis zwischen arabischen und jüdischen Palästinensern. Faisal wiederum erhoffte sich vom einflußreichen Weizmann massive Unterstützung bei der Realisierung seines Plans, ein arabisches Großreich unter seiner, Faisals, Macht zu gründen. Außerdem versprach er sich Hilfe in wirtschaftlicher Hinsicht durch die Vermittlung von Investitionen.

Alles in allem waren dies Pläne, die sowohl der Vorstellungswelt Herzls entsprachen wie den Möglichkeiten, die Weizmann in Betracht zog. Die Orientpolitik der Groß- und Kolonialmächte jedoch machte alle Erwartungen zunichte. Zunächst wurde die Haschimiten-Familie aus ihrem Stammland durch die Wahhabiten unter Ibn Saud, dem späteren König von Saudi-Arabien, vertrieben. Beide Herrscherhäuser waren bis dahin gleichermaßen von den Briten unterstützt worden. Faisal sah sich also zu Recht von seinen Förderern hintergangen, mit denen Weizmann nach seiner Auffassung verbunden war. Er willigte aber ein, als sie ihm – gleichsam als Entschädigung – Syrien als Königreich anboten. Der Vorschlag hatte nur insofern einen Haken, als Syrien nach dem Sykes-Picot-Abkommen von 1916 bereits an Frankreich vergeben war. Prompt vertrieben die Franzosen den von ihren ehemaligen Waffenbrüdern zum König eingesetzten Faisal mit Gewalt aus Damaskus. Vom folgenden Jahr an durfte er, wieder mit britischer Hilfe, ein Königreich im Irak regieren, das bis 1958 bestand.

Der Traum der Haschimiten, ein mit Großbritannien verbundenes Königreich zu gründen, das den gesamten arabischen Nahen Osten umfaßte, löste sich mit Faisals Annahme der Königswürde im Irak in ein unerreichbares Phantom auf, und alle weiteren Bemühungen in dieser Richtung, soweit sie noch unternommen wurden, ermangelte es an Ernsthaftigkeit. Doch auch die Zionistische Bewegung ging, wenn man so will, leer aus. In dem nunmehr aufgeteilten, von fremden Mächten beherrschten Nahen Osten gab es für sie seit Faisal keinen adäquaten Ansprechpartner mehr. Weder die Zionisten noch England konnten künftig einer zentralistischen arabischen Macht irgendwelche Angebote unterbreiten, einfach weil es eine solche Macht nicht gab.

Statt dessen begann der lange Kampf der Araber um ihre Befreiung. Er diente angeblich dem übergeordneten Ziel einer arabischen Vereinigung, in Wirklichkeit aber kämpfte jede Kolonie, jedes Königreich, jeder Stamm um die eigene Selbständigkeit. Die national-arabische Bewegung, die mit dem von den Briten unterstützten Widerstand gegen die Türkenherrschaft im Ersten Weltkrieg begann, hat erst später und nur ganz allmählich feindlich abweisende Züge gegenüber den westlichen Verbündeten angenommen, nachdem diese den Nahen Osten in Interessensphären aufgeteilt und unter ihre Kontrolle gebracht hatten.

Widerstand seitens der Araber bekamen zunehmend auch die britischen Mandatsträger in Palästina zu spüren. Die mehr und mehr sich vergrößernde arabische Bevölkerung begann sich um ihre Interessen zu sorgen. In ihren Augen stellten die Zunahme der zionistischen Aktivitäten, die vermehrte Zuwanderung ausländischer Juden, aber auch die fortschreitende wirtschaftliche Entwicklung des Landes Gefahren dar, denen man begegnen mußte. Gegen die Briten, die anfangs, nach ihrem Auftritt als Mandatsmacht, als Förderer, wenn nicht als Verbündete der Zionisten galten, bauten sich zunehmend Ressentiments auf, die sich zu ausgesprochener Gegnerschaft verhärteten. Der dreifache Konflikt zwischen Arabern, Engländern und Juden begann sich bedrohlich zuzuspitzen. Unterdessen sah die Jüdische Agentur die Zukunft weder in der Verbundenheit mit Großbritannien noch in einer engen Kooperation mit den Arabern. Zügig strebte sie für den jüdischen Bevölkerungsteil Palästinas die politische Unabhängigkeit an.

Ein Aufstand der palästinensischen Araber im Jahr 1929, der sich vor allem gegen die Juden richtete, wurde von den Engländern nur zögernd bekämpft. Schon bevor es 1936 erneut zu einem

Aufstand kam, diesmal hauptsächlich gegen die Mandatsmacht, hatte diese sich, um weiteren Unruhen unter den Arabern vorzubeugen, noch entschiedener von den Juden abgewandt als am Anfang der zwanziger Jahre, zur Zeit des ersten Hochkommissars. So versuchte man, die jüdische Einwanderung nach Palästina einzuschränken, ebenso die Möglichkeiten, Land für die Ankömmlinge aus der Diaspora zu erwerben.

Nach Hitlers Machtübernahme in Deutschland, 1933, verschärfte sich das Verhältnis zwischen Juden, Arabern und Briten erheblich. Neue Einwanderungsbestimmungen, die die Briten drei Jahre vorher erlassen hatten, ermöglichte es den Juden aus dem Nazi-Reich nur unter allergrößten Schwierigkeiten, in Palästina Zuflucht zu finden. Das sorgte für Spannungen zwischen der jüdischen Bevölkerung und den Engländern, während gleichzeitig die Befürchtungen der Araber angesichts jener Juden wuchsen, denen es trotz der strengen Einwanderungsgesetze gelang, in Palästina Fuß zu fassen. Dabei betrug die Zahl der zwischen 1933 und 1945 aus Deutschland eingetroffenen Juden nicht mehr als neunzigtausend – nach Einschätzung der ansässigen Araber viel zuviele. Die Schuld daran gaben sie den Briten, die nach ihrer Auffassung die eigenen Gesetze nicht konsequent genug durchsetzten.

Den Briten war wenig daran gelegen, den arabischen Aufstand im Jahr 1936 mit Gewalt niederzuschlagen. Mehr waren sie um Ausgleich und Verständigung, wenn nicht um die Befriedung arabischer Interessen bemüht, dabei verloren sie die Belange der Juden in Palästina fast ganz aus dem Blickfeld. Es folgten noch rigidere Einwanderungsbestimmungen, der Kauf von Grund und Boden wurde Juden noch mehr erschwert. Gleichzeitig aber suchten wohlwollende Briten nach einem Kompromiß, der zwischen dem arabischen und dem jüdischen Bevölkerungsteil ohne Benachteiligung des einen oder anderen Frieden stiften sollte. Eine aus London entsandte Regierungskommission unter dem Vorsitz von Lord Robert Peel bestätigte 1937 zunächst die Auffassung der britischen Regierung, wonach für weitere jüdische Einwanderer in Palästina kein Platz mehr sei. In dem Bericht der Kommission, der am 17. Juni jenes Jahres veröffentlicht wurde, wird aber zugleich die Teilung des Landes vorgeschlagen. Danach sollte den Juden ein kleiner Teil ihrer historischen Heimat zugesprochen, den Arabern dagegen ein sehr viel größeres Gebiet überlassen werden, gewissermaßen der Löwenanteil des zur Disposition stehenden gesamten Territoriums.

Den Juden mußte das Angebot, was die Größe anging, als unangemessen, ja als geradezu lächerlich klein erscheinen. Wenn sie trotzdem zustimmten, dann, weil sie in dem Teilungsplan die reale Chance sahen, den alten Traum von der Gründung eines unabhängigen jüdischen Staates zu verwirklichen. Dagegen lehnten die palästinensischen Araber nicht nur den Plan der Peel-Kommission ab, sie verstärkten vielmehr auch ihren Widerstand gegen die Engländer. Hätten sie damals das Angebot akzeptiert, würde es heute einen Palästinenserstaat in der Größe von mehr als Dreivierteln des alten britischen Mandatsgebietes geben, während die Juden in einem Staat zu leben hätten, der nicht viel größer wäre als das Saarland.

Weder die britischen Behörden in Palästina noch die Regierung in London waren von den Vorschlägen Lord Peels und seiner Kommission sonderlich angetan. Ihr Hauptziel war, die Kolonialherrschaft beizubehalten. So herrschte dann auch allgemeine Erleichterung, als die Araber das Angebot ablehnten. Am 28. Februar 1938 verwarf die Woodhead-Konferenz der englischen Regierung die Pläne endgültig und begrub sie in den Akten. Für die Araber Palästinas war das der Auftakt zu ihrer jahrzehntelang unglücklichen, in vieler Hinsicht verhängnisvollen Politik, deren Folgen nicht sie allein zu Leidtragenden machten.

Die Beharrlichkeit, mit der die Araber Palästinas nach 1938 unter der wechselnden Führung exzentrischer Minderheitspolitiker weitere Kompromißangebote ablehnten, war erstaunlich, trieb sie aber nur weiter in die Isolation. Nach dem Prinzip des »alles oder nichts« schien ihnen kein Vorschlag akzeptabel, der auf eine Duldung der Juden in Palästina hinauslief. Folglich gingen sie, bis 1993 der Osloer Vertrag zustande kam, stets mit leeren Händen aus – ein durch eigenes Zutun heimatloses Volk, ohne staatliche Unabhängigkeit und nationale Identität. Frieden und Sicherheit hat die Politik der arabischen Palästinenser auch der jüdischen Bevölkerung nicht beschert, wenn sie auch viele ihrer Ziele erreicht hat. Ende der dreißiger, Anfang der vierziger Jahre gelang es den Briten endlich, den Aufstand der Araber niederzuwerfen. Dadurch, daß sie im Lande gleichzeitig auch die Tätigkeit der Zionisten weiter einschränkten und wenige Monate vor Kriegsausbruch die Einwanderungsgesetze verschärften, wurden sie indirekt mitschuldig am Tod von Hunderttausenden europäischer Juden – eine tragische Hypothek, deren ganzes Ausmaß damals freilich nicht überschaubar war.

Am Vorabend des Zweiten Weltkriegs war an derart schreckliche Konsequenzen der Politik im Nahen Osten kaum zu denken. Andererseits kamen aus Deutschland immer alarmierendere Nachrichten über die gegenüber den Vorjahren noch systematischer betriebene Diskriminierung und Verfolgung von Juden. Der »Anschluß« Österreichs und die Annexion sudetendeutscher Gebiete als eines Teils der Tschechoslowakei, der erste Schritt zur Umwandlung des westlichen Landesteils in einen deutschen Satellitenstaat, ermöglichten den Nazis seit 1938 auch den Zugriff auf jüdische Bürger außerhalb der bisherigen Reichsgrenzen. Die berüchtigte »Reichskristallnacht« vom 9. November jenes Jahres schließlich stellte alle voraufgegangenen antijüdischen Aktionen des Hitler-Regimes in den Schatten. Nicht mehr lange, und es zeigte sich, daß auch sie nur eine Art Zwischenstation auf dem Weg zu noch weit Schlimmerem war, dem Massenmord an den Juden im Zeichen der »Endlösung«.

Begonnen hatte dieser Weg schon unmittelbar nach Hitlers Machtantritt. Fast regelmäßig wurden neue Erlasse veröffentlicht, die Schritt für Schritt die Bürgerrechte der Juden beschnitten. Bereits 1935 verboten die »Nürnberger Gesetze« ihnen – Angehörigen einer angeblich minderwertigen Rasse – Ehen mit Menschen »deutschen oder artverwandten Blutes«. Mit Erfolg bedienten die Nazis sich der Mittel der langsamen, allmählichen Gewöhnung und der Kunst des Abschreckens. Wie man eine Welpe zur Stubenreinheit erzieht, indem man ihr die Schnauze in die Aussonderungen drückt, so wurde immer wieder das Reaktionsvermögen der Deutschen, das »gesunde Volksempfinden« auf die Probe gestellt. Als auch nach den Ausschreitungen der »Reichskristallnacht« öffentliche Proteste ausblieben, erkannte die Mehrzahl der Juden in Deutschland und den mittlerweile von Hitler »zurückgeführten« Gebieten, daß ihr Schicksal so gut wie besiegelt war.

Noch allerdings gab es für sie die Möglichkeit der Ausreise. Theoretisch zumindest, denn Voraussetzung dafür war nicht nur die Unterschrift unter eine Verzichterklärung, mit der der gesamte private Besitz an den Staat überging, sondern – wichtiger noch – die Vorlage gültiger Einreisepapiere eines Asyllandes. Für die meisten zum Exil entschlossenen Juden stellte der Kampf um diese Dokumente ein fast unüberwindlich hohes Hindernis dar. Nie zuvor ist der jüdischen Gemeinschaft in Palästina das Fehlen ihrer Souveränität mit internationaler Anerkennung so schmerzlich bewußt geworden wie damals. Die interne Autonomie, so umfassend und effektiv sie war, erwies sich als völlig unzureichend und überholt gegenüber den Problemen, die sich ganz besonders aus der Einreisesperre für Flüchtlinge ergaben.

Die Möglichkeiten der Juden in Palästina, aktiven Widerstand gegen Nazi-Deutschland zu leisten, waren begrenzt. Als 1942 deutsche Truppen in Nordafrika Tobruk erobert hatten und tief bis nach Ägypten vorzustoßen drohten, geriet für sie auch Palästina in Reichweite. Hier wuchs die Anspannung von Woche zu Woche, die jüdische Bevölkerung verband eine Entschlossenheit, wie sie ähnlich unter den Verteidigern von Masada geherrscht haben muß. Der Wille, an der Seite der Engländer, notfalls auch ohne sie bis zum letzten Mann zu kämpfen, ungeachtet des zu erwartenden »Dolchstoßes« der Araber, die mit den Nazis sympathisierten, dieser Wille, der alles zu opfern bereit war, nur kein Stück Heimatboden, schlug in Erleichterung und Freude um, als das deutsche Afrikakorps bei El Alamein geschlagen wurde und den Rückzug antrat.

Die Aufstellung jüdischer Freiwilligenverbände innerhalb der britischen Armee, die am Krieg gegen Deutschland hätten teilnehmen können, lehnten die Militärbehörden jahrelang ab. Juden aus Palästina, erklärten die Engländer, könnten sich nur in Einzelfällen als Soldaten verpflichten lassen, und dann auch nur in paritätischem Verhältnis zu arabischen Freiwilligen. Da es aber in Palästina kaum Araber gab, die sich zum Kampf gegen die Nazis herausgefordert sahen, waren die Chancen für jüdische Bewerber nicht allzu groß. Erst 1944 ermöglichten die Briten die Aufstellung einer jüdischen Brigade. Sie nahm noch an den Kämpfen in Italien teil und gehörte zu den Truppen, die ins besiegte Deutschland einzogen.

Die Bilder und Berichte aus den bei Kriegsende befreiten deutschen Vernichtungslagern übertrafen an Grausamkeit alles, was bis dahin an Informationen über die Verbrechen an den europäischen Juden an die Weltöffentlichkeit gelangt war. Überlebende des Holocaust aufzunehmen, erschien deshalb den Juden Palästinas als selbstverständliche, wenn nicht vordringlichste Pflicht. Immer wieder aber scheiterten entsprechende Bemühungen am rigorosen Einwanderungsverbot, das die Engländer am 17. Mai 1939, kurz vor Ausbruch des Zweiten Weltkriegs, für jüdische Immigranten erlassen hatten. Im Grunde war leicht voraussehbar, was danach geschah: Die palästinensischen Juden reagierten auf die Zurückweisung der Flüchtlinge mit einem verschärften Widerstand gegen die britische Mandatsmacht und äußerten zugleich nachdrücklicher denn je ihr Verlangen nach staatlicher Unabhängigkeit.

Der Widerstand konnte viele Formen annehmen. Er zeigte sich in dem fortwährenden Versuch, »illegale« Einwanderer, ehemalige Insassen deutscher Konzentrationslager, unter Umgehung der Gesetze ins Land zu schleusen, und er eskalierte in blutigen Zusammenstößen mit Opfern auf beiden Seiten. Zwischenfälle, bei denen unbewaffnete jüdische Flüchtlinge auf Schiffen in mehr oder weniger heftige Auseinandersetzungen mit uniformierten britischen Mandatswächtern gerieten, waren an der Tagesordnung. Im Lande gab es Zusammenstöße zwischen Widerstandsgruppen und Engländern. Diese kümmerte wenig, daß es immerhin um das Schicksal von Menschen ging, die ihrem programmierten Tod in den Lagern sozusagen in letzter Minute entkommen waren. Sofern sie die Flüchtlinge nicht einfach nach Europa zurückschickten – in vielen Fällen sogar, um sie besonders zu demütigen, nach Deutschland –, ließen sie sie zwangsweise nach Zypern transportieren, wo fünfundfünfzigtausend von ihnen unter elenden Verhältnissen dahinvegetierten. Erst 1948 kamen sie frei, nach der Unabhängigkeitserklärung des Staates Israel, in dem sie dann eine neue Heimat fanden.

Alles das konnte der Weltöffentlichkeit natürlich nicht verborgen bleiben. Sie reagierte teils gleichgültig oder ratlos, teils besorgt. Unverständnis und Empörung aber überwogen, als offenbar wurde, daß die britische Labour-Regierung keine Anstalten machte, den antizionistischen und proarabischen Kurs ihrer konservativen Vorgänger zu ändern. Die Konfrontation in Palästina spitzte sich unterdessen weiter zu. Gefordert war eine Entscheidung der Vereinten Nationen als Nachfolgeorganisation des Völkerbunds, der 1922 die volle Verantwortung für die Lage im britischen Mandatsgebiet übernommen hatte. Berichte von Ausschüssen, die sich vor Ort ein Bild von der Situation verschafften, führten dann zu jener Debatte der UN-Vollversammlung, die den Weg zur Gründung des Staates Israel freimachte: Am 29. November 1947 beschloß die Weltorganisation, das Mandat Großbritanniens in Palästina zu beenden.

Mit dem Erlöschen des Mandats sollte eine Zwei-, eigentlich eine Dreiteilung des von den Briten geräumten Landes verbunden sein. Etwa eine Hälfte wurde den dort wohnenden Juden, die andere der arabischen Bevölkerung zur Gründung jeweils selbständiger, unabhängiger Staaten angeboten. Ausgenommen war Jerusalem, die alte Hauptstadt. Sie sollte vorläufig als internationales Territorium von den Vereinten Nationen verwaltet werden, bis innerhalb von zehn Jahren – wie man hoffte – eine allseits befriedigende Lösung für den Status der Stadt gefunden worden war. Eine, wie sich gezeigt hat, allzu vorschnelle und trügerische Hoffnung. Einen Tag nachdem David Ben Gurion, Vorsitzender der Exekutive der Jüdischen Agentur und künftiger erster Ministerpräsident, die Unabhängigkeit des Staates Israel verkündet hatte, verließ der letzte britische Gouverneur das Land. Eine kurze Zeremonie begleitete das Einholen der britischen Flagge. Sie war für längere Zeit das letzte Exemplar, das über einer Vertretung Großbritanniens in Israel wehte, weil die Engländer sich zunächst weigerten, den neuen Staat anzuerkennen und diplomatische Beziehungen mit ihm aufzunehmen. Der Gouverneur trat die Rückreise per Schiff von Haifa aus an, der wichtigsten Hafenstadt Israels, die in den nachfolgenden Jahren für zahllose jüdische Einwanderer zum Tor ihrer neuen Heimat wurde.

Das Friedensproblem
im Nahen Osten

An den Tag, an dem David Ben Gurion die Unabhängigkeit des Staates Israel verkündete, erinnere ich mich nur zu genau. An jenem 14. Mai 1948 saß ich als Dreizehnjähriger in Ramat Gan, einer Nachbarstadt von Tel Aviv, im Keller unseres Hauses, der innerhalb weniger Stunden in einen Luftschutzraum verwandelt worden war. Wir erlebten den ersten Angriff der ägyptischen Luftwaffe. Ausgerechnet unsere Umgebung wurde heimgesucht, und jeder Einschlag hörte sich an, als sei es unser Haus, das getroffen wurde. Ich hatte große Angst, trotzdem verfolgte ich mit meiner Familie im Radio die Direktübertragung der offiziellen Feierlichkeiten aus dem Museum in Tel Aviv. Denn Jerusalem war bereits belagert, so daß Ben Gurion sich gezwungen sah, den Akt der Staatsgründung nach Tel Aviv zu verlegen, wo damals der größte zur Verfügung stehende Saal der des Museums war.

Welches Gefühl mächtiger gewesen ist, Angst oder Freude – Angst vor den Bomben oder Freude über unsere soeben gewonnene Selbständigkeit –, vermag ich heute nicht mehr zu sagen. Die Freude, so tief sie damals Besitz von uns nahm, war allerdings nicht die gleiche wie jene, die wir knapp sechs Monate vorher empfunden hatten, am 29. November 1947, als die Vollversammlung der Vereinten Nationen das Ende des britischen Mandats über Palästina und die Teilung des Landes beschloß. Das Gebiet, das den palästinensischen Juden zur Umsetzung der ihnen endlich gewährten Souveränität zugesprochen wurde, machte zwar nur einen Teil ihrer historischen Heimat aus, der Freudenausbruch jedoch, den die Nachricht auslöste, war so spontan, so elementar, daß er sich mir unvergeßlich eingeprägt hat. Schon am folgenden Tag aber war die Rede von »Unruhen«, für die man arabische Elemente verantwortlich machte. Von da an nahmen diese »Unruhen« ständig zu. Sie eskalierten, bis Israel sich bereits an seinem Gründungstag in einen umfassenden Krieg verwickelt sah. Die Krise des Nahen Ostens, unter der wir bis heute leiden, war mit aller Macht ausgebrochen.

Wo liegen die Ursachen der Krise, und weshalb hält sie immer noch an? Wem auch und wo immer man diese Frage heute stellt, ob in Israel oder außerhalb des Landes – meist wird sie mit dem Hinweis auf das sogenannte palästinensische Problem beantwortet. Gemeint ist, daß im Nahen Osten seit Jahrzehnten – eigentlich viel länger – der größte Teil der palästinensischen Bevölkerung im Elend leben muß, in einer Existenz ohne jede Würde, ein Volk ohne Heimat, ohne politische Unabhängigkeit. Unter derartigen Bedingungen kann es natürlich keinen dauerhaften Frieden geben. Selbst wenn es Israel trotz der gegebenen Umstände gelänge, Verträge zustande zu bringen, die auf ein Ende der Konflikte hinausliefen, würde es sich bei dem erreichten Zustand nur um einen oberflächlichen, unsicheren, vorübergehenden Frieden handeln, um einen Frieden ohne Gewähr. Gewiß, ohne eine Lösung des palästinensischen Problems wird die Krise im Nahen Osten sich nicht aufrichtig und auf Dauer beenden lassen. Nur ist dieses Problem nicht die Ursache der Krise.

Man darf nicht vergessen, daß der Beschluß der UNO zur Teilung Palästinas sich nicht allein auf die dort lebenden Juden bezog. Nicht nur ihnen wurde 1947 ein eigener, politisch selbständiger Staat versprochen, die Zusage galt ebenso auch für die arabischen Palästinenser. Nach dem Willen der Vereinten Nationen sollten beide Völker eine bleibende Heimstatt erhalten. Während ein Teil des Landes, etwa die Hälfte, den Juden überantwortet wurde, sollte der andere der arabischen Bevölkerung gehören. Von beiden Staaten erwartete man, daß sie in einer Wirtschafts- und Zollunion eng zusammenarbeiteten, mit gemeinsamer Währung und offenen Grenzen, natürlich auch mit dem Recht zur Aufnahme ganz normaler gegenseitiger diplomatischer Beziehungen.

Was Jerusalem anging, so war eine Sonderregelung vorgesehen. Sie hing mit der wechselreichen religionsgeschichtlichen Rolle der alten Hauptstadt zusammen, mit ihrer herausgehobenen Bedeutung sowohl für Juden wie für Moslems und Christen sowie den Ansprüchen und den empfindlichen Statusfragen, die Gläubige der drei Konfessionen mit Jerusalem verknüpften. Zehn Jahre lang sollte die Stadt unter Verwaltung der Vereinten Nationen gestellt und aus dem Teilungsplan ausgeklammert sein. In dieser Zeit, so die Vorgabe, müßten sich die beiden miteinander verbundenen Staaten, der jüdische und der arabisch-palästinensische, auf einen Kompromiß bezüglich der Zukunft Jerusalems einigen.

Der jüdische Bevölkerungsteil hat das UNO-Angebot sofort und freudig akzeptiert, einschließlich der Aussicht auf eine enge Kooperation mit dem neuen Palästinenserstaat. Was gab den Juden das Gefühl zuversichtlicher Genugtuung, obwohl sie natürlich gewahr wurden, daß sie endgültig einen Großteil ihrer biblischen Heimat aufgeben sollten, sogar das Kernland der einstigen Königreiche? Was machte sie so glücklich, da sie doch nicht einmal sicher sein konnten, daß Jerusalem, die heilige, einzige und ewige Hauptstadt des jüdischen Volkes, künftig auch ihre Hauptstadt sein würde?

Die Antwort ist einfach: Es ging den Juden damals schlicht darum, endlich ihr vorrangiges Ziel zu erreichen, irgendeine Form der Unabhängigkeit. Ihr ganzes Denken und Trachten richtete sich auf die Herstellung eines von ihnen regierten Staatswesens. Schon vor 1937, als ihnen die britische Regierungskommission unter Lord Peel einen wesentlich kleineren Teil des Landes in Aussicht stellte, hätten sie dankbar wohl noch weit bescheidenere Angebote akzeptiert. An dieser Bereitschaft hatte sich seither nicht viel geändert, jedenfalls nicht grundsätzlich. Natürlich konnte den Juden die Größe der Fläche, die sie vielleicht einmal selbständig verwalten würden, nicht völlig unwichtig sein, erst recht nicht deren Lage zu den biblisch-historischen Gebieten, von denen sie künftig womöglich ausgeschlossen blieben. Vorrang in ihren Überlegungen und Plänen hatte aber nicht die äußere Beschaffenheit des Landesteils, das man ihnen eines noch ungewissen Tages überlassen würde. Erstes, sehnlich erstrebtes Ziel war die Souveränität, das Recht auf Selbstbestimmung, alles, was Theodor Herzl als einzig notwendige Voraussetzung für ein würdiges Leben der Juden beschrieben hat.

Während des Zweiten Weltkriegs und verstärkt noch in den Jahren danach erwies sich das Erlangen einer jüdischen Unabhängigkeit in Palästina als notwendiger und dringlicher denn je. Sehr groß war die Zahl der dem Nazi-Terror rechtzeitig entkommenen Juden nicht. Viele Flüchtlinge, viele zur Emigration Entschlossene hatten kein Asylland finden können und endeten in den Konzentrationslagern. Die aber, die sich retten konnten, fanden selbst den Weg in ihre angestammte Heimat versperrt, abgeriegelt von der britischen Mandatsmacht. Um so stärker richteten sich nach Kriegsende die Hoffnungen derer, die sich den Verfolgern entzogen hatten, auf eine sichere, möglichst dauerhafte Zuflucht in Palästina. Hinzu kamen die Überlebenden des Holocaust. Auch sie, gerade sie suchten nach allen Schrecknissen eine neue Bleibe im Land der Vorväter. Doch wiederum waren es die Briten, die sich den Einwanderungsversuchen widersetzten.

Es war, wie gesagt, die Mehrzahl der palästinensischen Juden, die damals das Verlangen nach staatlicher Unabhängigkeit über rein territoriale Fragen stellte. Andere dagegen, eine Minderheit, maßen gerade solchen Fragen eine lebenswichtige Bedeutung bei. Aufs Ganze gesehen aber und in der allgemeinen Hochstimmung, die die jüdische Bevölkerung Palästinas nach dem UNO-Beschluß erfaßt hatte, blieben sie in der Öffentlichkeit weitgehend isoliert.

Mit gänzlich anderen Präferenzen traten die arabischen Palästinenser auf. Genau wie die Juden wollten auch sie sich vom kolonialen Joch befreien, ihr erstes und oberstes Ziel aber war nicht die Erlangung einer wirklichen, separaten politischen Unabhängigkeit. Noch bezeichneten sie sich nicht selbst als Palästinenser, die Absichten ihrer Wortführer jedoch, zunächst eine Elite arabischer Patrioten, die sich in dieser und manch anderer Hinsicht von maßgebenden politischen Kräften in den Nachbarländern unterschied, reichten über Palästina hinaus. Ihr Ziel war, alle arabischen Völker des Nahen Ostens in einem gemeinsamen Reich zu vereinen. Platz für ein Volk oder eine Volksgruppe mit fremder Identität war auf dem – aus ihrer Sicht – arabischen Boden nicht vorgesehen. Im Gegenteil: Unter dem Aspekt der Vereinigungsidee mußten die palästinensischen Juden insgesamt wie ein Fremdkörper erscheinen. Entsprechend feindselig wurden sie von arabischer Seite behandelt, als sich ein Erfolg ihrer Unabhängigkeitsbestrebungen abzuzeichnen begann. Auf den Beschluß der UN-Vollversammlung im Jahr 1947 reagierten die Araber mit Gewalt.

Es hat seinerzeit in der Welt, auch unter den Juden in Palästina, nicht an Stimmen gefehlt, die Ben Gurion vor der Abgabe der Unabhängigkeitserklärung zum vorgesehenen Zeitpunkt im Mai 1948 warnten. Befürchtet wurden im unmittelbaren Zusammenhang mit der Staatsgründung nicht nur eine gefährliche Zunahme der Gewalttätigkeiten und ein langer, womöglich noch gewaltsamerer Widerstand der Palästinenser. Man erkannte auch die Gefahr, die arabischen Staaten des Nahen Ostens könnten sich, um den Palästinensern in ihrem Kampf beizustehen, direkt in den Konflikt einmischen. Ben Gurion aber verwarf alle Bedenken, und die Dinge nahmen wie vorausgesagt ihren Lauf.

So sind es denn auch keine Bombenangriffe der palästinensischen Araber gewesen, vor denen am 14. Mai 1948 Einwohner israelischer Städte Schutz in ihren Kellern suchten. Die Überfälle gingen von den Nachbarländern aus, von sieben arabischen Staaten, die noch vor Israel unabhängig geworden waren, die international anerkannte Regierungen besaßen und von Beratern aus westlichen Ländern organisierte Streitkräfte. Der Zeitpunkt des offenen Kriegsausbruchs – am folgenden Tag begann der Einmarsch arabischer Truppen aus Ägypten, Syrien, Saudi-Arabien und Transjordanien, dem Libanon, Sudan und Irak – war bewußt gewählt, kam aber keineswegs überraschend: Ihre Entschlossenheit, den Staat Israel, sollte es zu seiner Gründung kommen, bereits im Keime zu ersticken, hatten die Aggressoren vor aller Weltöffentlichkeit mehr als einmal verkündet.

Die palästinensische Tragödie ist also nicht die Ursache der Krise, sondern deren Ergebnis. Der Versuch, sie zu beenden, kann deshalb nur mit der Lösung der gesamten Nahost-Problematik verbunden sein, und um sich klar darüber zu werden, wie man sie am besten anpackt, wird man zunächst ihre Wurzeln analysieren müssen.

Angesichts der militärischen Übermacht der arabischen Staaten war an ihrem Sieg kaum zu zweifeln. Die Waffen aber entschieden nicht nur anders, in Palästina schufen sie auch eine neue Realität. Der Krieg – er ist der längste, den Israel geführt hat – dauerte mehr als ein Jahr. Als es 1949 durch Vermittlung der UNO zum Waffenstillstand kam, hatte die unter großem Zeitdruck modernisierte israelische Armee nicht an den Grenzen haltgemacht, die dem jungen Staat innerhalb Palästinas zugewiesen worden waren. Die größten Landesteile jedoch, die östlichen, waren an Jordanien gefallen, während Ägypten im Süden den sogenannten Ghaza-Streifen besetzt hielt. Im Ergebnis bedeutete dies, daß Israel seine staatliche Unabhängigkeit behaupten, sogar festigen konnte, daß zugleich aber die Zusage der Vereinten Nationen an die Palästinenser, ihnen einen Teil des Landes als Heimat zu gewährleisten, hinfällig geworden war.

Das anfängliche Zögern der Palästinenser, sich selber – nach dem Landesnamen – so zu nennen, erklärt sich nicht nur aus ihrer Zugehörigkeit zum arabischen Volk. Auch daß bestimmte Gruppen sich bis heute als Bannerträger des arabischen Nationalismus und der arabischen Einheit verstehen, dürfte nur einer der Gründe für die relativ späte Identitätsfindung des arabischen Bevölkerungsteils in Palästina sein. Ein weiterer liegt offenbar darin, daß der heute überall gebräuchliche Name für die alte Wahlheimat der Juden lange eine koloniale Bezeichnung gewesen ist. Seit der Umbenennung von »Judäa« in »Palästina« unter den Römern gab es keinen palästinensischen Staat, auch keine politische Einheit in dieser Region, der man nachträglich einen staatsähnlichen Charakter zusprechen könnte. Für alle Eroberer, angefangen bei den Römern, war Palästina eine ziemlich bedeutungslose Randprovinz, weitab von den großen Machtzentren der Reiche. Politisch aufgewertet wurde das Land erst nach dem Ersten Weltkrieg, als es unter die Mandatshoheit Großbritanniens fiel. Erstmals hatte es eine Regierung, wenn auch keine im heutigen Sinne. Das als Ordnungsmacht installierte Gremium hatte mehr eine administrative Funktion und setzte sich aus Londoner Beamten zusammen – eine völkerrechtlich unanfechtbare, in Wirklichkeit aber eher fiktive Konstruktion, von der keine direkte Staatsgewalt ausging.

Für das Gros der Bevölkerung freilich, für Araber wie Juden, zählte allein die täglich erfahrbare Realität. Danach herrschte Gesetzesgleichheit für alle. Wer nach dem Ersten Weltkrieg bis 1948 im Land geboren wurde, kam als »Palästinenser« zur Welt – zum Beispiel ich. Jede damals ausgestellte Geburtsurkunde enthielt diesen amtlichen Vermerk, der ebenso offizielle, unterschiedslose Gültigkeit besaß wie der direkt anschließende Zusatz »British subject« – britischer Untertan. Diese gleichsam automatische Zuweisung an ein von Briten verwaltetes Staatsgebilde namens Palästina – die Pässe trugen entsprechende Eintragungen – stieß in der Bevölkerung überwiegend auf Ablehnung, bald auch auf Protest. Die offizielle Landesbezeichnung akzeptieren hieß für viele unfreiwillige Unterwerfung unter ein fremdes, koloniales Regime, das wenig Rücksicht auf jahrhundertelang im Land gewachsene Traditionen nahm. Die Juden wollten Israelis und Eltern israelischer Kinder sein, die Araber keine britischen Untertanen, die sie – wie alle Landesbewohner – kraft des Gesetzes geworden waren.

Dennoch blieb das Verhältnis der Araber zu der ihnen mehr aufgezwungenen als verliehenen Identität über Jahrzehnte merkwürdig ambivalent: So wenig sie sich als Palästinenser im administrativen und staatsbürgerlichen Sinne fühlten, so wenig strebten sie die Gründung eines eigenen Staates an. Erst unter erneuter Besatzung und mit der Einsicht, daß es keine arabische Vereinigung, sondern weiterhin ein lockeres Gefüge eigenverantwortlich regierter arabischer Staaten geben werde, änderte sich ihre Einstellung. Sie begriffen, daß sie allein im Nahen Osten die Chance zu einem nationalen Zusammenschluß ungenutzt gelassen hatten.

Von dieser Erkenntnis waren die arabischen Palästinenser unmittelbar nach dem Unabhängigkeitskrieg, wie er in Israel genannt wird, noch um einiges enfernt. Als die Truppen des jordanischen Königs Abdallah die von seinen Truppen eroberten Teile Palästinas annektierten, regte sich unter der dortigen arabischen Bevölkerung kaum Widerstand: Der Anschluß an Jordanien stand dem Traum von einem arabischen Großreich nicht grundsätzlich entgegen. Ähnlich bestellt war es damals mit den Interessen der palästinensischen Araber im Ghaza-Streifen. Die Ägypter haben dieses Gebiet zwar nicht annektiert, sie verwalteten es jedoch so, als handele es sich um einen Teil des eigenen Landes.

Für die Araber in Palästina nahm sich die Bilanz des Krieges, vor allem was ihre Zukunft betraf, trostlos aus. Als Volk auseinandergerissen, entwurzelt und zerstreut, tragen sie bis heute an den Folgen ihrer Angriffe und des Überfalls arabischer Streitkräfte aus den Nachbarländern, mit dem Israels staatliche Existenz ausgelöscht werden sollte. Vielleicht sind diejenigen von ihnen noch am glücklichsten zu schätzen, die nach der Annexion der östlichen Landesteile durch Jordanien die jordanische Staatsbürgerschaft erhielten. Andere gerieten, wie erwähnt, zunächst unter ägyptische Verwaltung, ein weiterer Teil konnte unter israelischer Herrschaft die Staatsbürgerschaft Israels annehmen. Weit bitterer ist das Schicksal derer, die aus den von Israel eroberten Gebieten geflüchtet sind und Asyl im Ghaza-Streifen, am sogenannten Westufer oder in arabischen Nachbarländern fanden: Ihnen werden von den jeweils zuständigen Behörden nicht nur Einbürgerungspapiere verweigert, sondern größtenteils auch einfache Aufenthaltsgenehmigungen.

Das Flüchtlingsproblem ist mit der gesamten Nahostkrise so untrennbar verbunden, daß es in Israel auch heute noch, fünfzig Jahre nach dem Unabhängigkeitskrieg, Gegenstand zahlloser öffentlicher Diskussionen ist. Immer wieder geht es darin um die wirklichen Ursachen der Flüchtlingsbewegungen, aber auch um strittige statistische Daten.

Nach offiziellen englischen Angaben lebten am Ende der Mandatszeit in Palästina sechshunderttausend Juden und wenig mehr als eine Million Araber. Aus der Tatsache allein, daß aus einem Teil der arabischen Palästinenser jordanische Staatsbürger wurden und aus einem weiteren Teil ägyptische Untertanen, lassen sich keine verläßlichen Zahlen ermitteln, ebensowenig wie aus dem nichtjüdischen Anteil der israelischen Gesamtbevölkerung – er liegt heute bei knapp einer Million. So bleiben, wenigstens als ungefährer Anhalt, nur die UNO-Statistiken. Danach waren es etwa dreihunderttausend Araber, die ihre Heimatdörfer und -städte verließen und zu Flüchtlingen geworden sind.

Über die Ursachen und Gründe gehen auch in Israel die Meinungen auseinander, wie der »Historikerstreit« zeigt, der unlängst um diese Fragen entbrannt ist. Jüngere israelische Zeitgeschichtler, die sich mit den mittlerweile historischen Anfängen ihres Staates befassen, behaupten nämlich, die offizielle arabische Erklärung sei zumindest nicht ganz von der Hand zu weisen, wonach Israel allein die Verantwortung für das Flüchtlingsproblem trage. Israelische Behörden seien es gewesen, die Hunderttausende von arabischen Palästinensern zum Verlassen ihrer Heimat gezwungen und außer Landes getrieben hätten. Die offizielle Version Israels, seinerzeit ebenso nachdrücklich verbreitet, besagt etwas anderes. Danach war es die extremistische Führung der Palästinenser, die ihnen empfahl, das Land zu räumen – einmal, damit die Invasoren Israel vernichten könnten, zum anderen, um bei der Rückkehr nach dem Sieg außer ihrer zurückgelassenen Habe auch den Besitz der Verlierer als Beute vorzufinden.

Daß es von seiten der Palästinenser tatsächlich solche »Empfehlungen« gab, läßt sich zweifelsfrei belegen. Höchst unklar ist aber, wieviele Menschen davon betroffen waren. Hinreichend beweisbar ist auch, daß die in Betracht kommenden Behörden der israelischen Regierung keine Politik der Vertreibung praktiziert, sie auch nicht beabsichtigt haben. So war es Ben Gurion selber, der arabische Verwaltungsstellen in Haifa ersuchte, Araber, die in der Stadt wohnten, von der Flucht abzuhalten, als die Besetzung ganz Haifas bevorstand. Offensichtlich erkannte er schon im Ansatz die Probleme, die dem Land aus dem plötzlichen, schwer kontrollierbaren Aufbruch größerer Bevölkerungsgruppen erwachsen würden. Ben Gurions Appell wurde leider nicht befolgt.

Heute dem Kern der Wahrheit nur nahezukommen, ist außerordentlich schwierig. Vermutlich treffen beide Versionen zu, jede aber nur partiell, so daß sich am Ende eine Mischung aus verschiedenen Faktoren ergibt. So waren es in der Tat die extremistischen Parolen ihrer Anführer, die viele Palästinenser zum Verlassen ihrer Heimat bewog. Andere sind zweifelsohne von israelischen Kämpfern vertrieben worden, sozusagen in der Hitze des Gefechts, vielleicht auch hinterher. Es handelte sich um lokale Aktionen, die nicht im Einklang mit der israelischen Politik standen, Vertreibungen zu vermeiden, um das Flüchtlingsproblem so überschaubar wie möglich zu halten. Denn daß es eins gab, ließ sich schwerlich verheimlichen. Es entstand, wie so oft und überall in der Welt, aus nackter Angst vor dem Krieg. Elementare Angst dürfte es gewesen sein, die die meisten Flüchtlinge aus ihren Häusern trieb.

Alle Hoffnungen, die schwierige Lage der palästinensischen Flüchtlinge im Nahen Osten zu erleichtern und das gesamte Problem einer völkerrechtlich verbindlichen Lösung wenigstens näherzuführen, haben sich bis heute zerschlagen. Die Konfliktlage hat sich im Gegenteil im Laufe der Jahre noch verschärft, nicht zuletzt durch die Weigerung arabischer Regierungen, den Flüchtlingen die gleichen Rechte zuzuerkennen, die sie jeweils dem eigenen Volk gewähren. Statt dessen behandeln sie sie als Trumpfkarte gegen Israel, aus reinem Kalkül und offenbar bedenkenlos im Hinblick auf ihr weiteres Schicksal.

Der Waffenstillstand, der im Juni 1949 den Unabhängigkeitskrieg Israels beendete, war genaugenommen nur eine befristete Waffenruhe, eine »armistice«, vereinbart für den Zeitraum von sechs Monaten. Eine der Bedingungen war, daß das Abkommen durch einen regulären Friedensvertrag ersetzt werde – Israel wartet noch heute darauf. Die Kriege, die den im Sommer 1949 ausgehandelten Zustand unterbrochen haben, bewiesen deshalb nur um so überzeugender den nach wie vor zu allem entschlossenen Vernichtungswillen der arabischen Aggressoren gegenüber Israel. Es war, als hielten sie die erste Niederlage für ein unerklärliches Versagen jeder Logik. Und tatsächlich, mußten nicht ihre wohlgerüsteten Armeen, ihre reichen Erdölvorkommen, ihr riesiges Menschenreservoir – zahlenmäßig der Bevölkerung Israels hundertfach überlegen – sie in dem Verdacht bestärken, im ersten Krieg sei es nicht mit rechten Dingen zugegangen? Gab es Verräter und Saboteure in den eigenen Reihen?

Solche Überlegungen mußten tatsächlich als Erklärungsversuche für das wenig rühmliche Abschneiden der Araber im Krieg von 1948–49 herhalten. In einigen arabischen Staaten führten sie sogar zu Umsturzplänen und zu Umbesetzungen in der Regierung und den Spitzen der militärischen Führung. Nicht betroffen davon war nur der Glaube an die eigene Überlegenheit. So hielt man unerschütterlich an dem Ziel fest, Israel doch noch, allein aufgrund des Kräfteverhältnisses, von den Landkarten der arabischen Welt verschwinden zu lassen, wie anders als durch Waffengewalt.

Um Siegesgewißheit zu verbreiten, war den arabischen Medien jedes Mittel recht. Auch weitere Niederlagen hielten sie nicht davon ab, Israel, das übrigens nie mit diesem Namen genannt, sondern stets als »Zionistische Identität« bezeichnet wurde, mit dem Reich der Kreuzritter zu vergleichen. Dabei habe es sich um ein schwaches, kurzlebiges Gebilde gehandelt, behaupteten sie, das schon bei seiner Gründung zum Untergang verurteilt gewesen sei, wurzellos im Land, in dem es existierte, und abhängig von ständigem Nachschub aus dem Ausland. Die Kreuzfahrer mochten gute Kämpfer gewesen sein, doch mangelte es ihnen an Lebens- und Überlebenskraft. Sie schotteten sich von ihrer Umwelt ab, Fremdlinge, deren Ende voraussehbar gewesen sei: Der erste starke Sturm mußte sie wie haltlose Bäume hinwegfegen. Nicht anders, lautete die Quintessenz, werde es den Israelis ergehen. Auch sie seien entwurzelte Fremde und auf ausländische Hilfe angewiesen. Folglich müßten sie irgendwann das Schicksal der Kreuzritter teilen, die der große Saladin bezwang.

Nun war Saladin, der Sultan von Ägypten und Syrien, tatsächlich eine berühmte Herrscher- und Heldengestalt. Seine historischen Verdienste werden bis heute vor allem im Irak gefeiert, woher er stammte. Es zeugt aber von einem geradezu paradoxen Geschichtsbild, wenn sich der zum Kampf gegen Israel und die USA angetretene Diktator Saddam Hussein als neuer Saladin verehren läßt. Denn Saladin war kein Araber, sondern Kurde, Angehöriger jenes Volkes, das Saddam verachtet und mit allen Mitteln erbarmungslos unterdrückt.

Solange die Araber – die Palästinenser inbegriffen – überzeugt waren, Israel eines Tages doch noch zu besiegen, sahen sie keinen Grund, mit ihrem Gegner ernsthaft zu verhandeln. Die einzige Ausnahme bildeten Gespräche, in denen es im Anschluß an die

Kriege um Waffenruhe, Truppenentflechtungen und andere militärische Fragen ging. Die langgehegte Überzeugung, Israel als Staat auslöschen zu können, ist die Ursache der Krise im Nahen Osten, nicht das palästinensische Problem.

Vor dem Beginn der Friedensverhandlungen mit Ägypten 1977 und dem Abschluß der Osloer Verträge 1993 hat sich lediglich der jordanische König Abdallah, Großvater des jetzigen Königs Hussein, zu Friedensgesprächen mit Israel bereit gezeigt, und zwar kurz nach dem Unabhängigkeitskrieg. Tatsächlich kam es zu Geheimverhandlungen im jordanischen Königspalast in Shunei. Unklar blieben nur die Beweggründe und Motive: Was führte Abdallah im Sinn, als er sich mit Vertretern der israelischen Regierung an den Verhandlungstisch setzte?

Aus dem Krieg von 1948–49 hatte Abdallah – sofern man Israels Erfolge beiseite läßt – den Hauptertrag für sich verbuchen können. Seine Truppen hatten nicht nur den größten Teil des Landes erobert, das ursprünglich den Palästinensern zugesprochen worden war, sondern auch die historische Altstadt von Jerusalem. Insofern hätte es nicht verwundert, wenn Abdallah entschlossen gewesen wäre, den Regierungssitz aus dem damaligen kleinen Wüstendorf Amman nach Jerusalem zu verlegen. Wenn schon nicht das Kriegsziel erreicht war, die Vernichtung Israels, so hätte der König immerhin ein Interesse daran haben können, mit dem Landgewinn und der Ernennung der alten jüdischen Hauptstadt zur neuen jordanischen vor aller Welt seine zweifellos gewachsene Macht zu demonstrieren. Waren es diese Pläne, die ihn bewogen, in Friedensverhandlungen mit Israel einzutreten?

Über einen möglichen anderen Grund berichtete der Dolmetscher von Golda Meir, die seinerzeit die israelische Delegation in der Verhandlungsrunde leitete. Moshe Sasson, damals fünfundzwanzig Jahre alt, war Beamter im Auswärtigen Amt und Spezialist für die arabische Sprache. Da strikte Geheimhaltung herrschte und die Verhandlungen in Shunei ausschließlich nachts stattfanden, konnten die Israelis erst nach Anbruch der Dunkelheit nach Jordanien reisen, noch vor Morgengrauen kehrten sie nach Jerusalem zurück. Abdallah hatte die Gewohnheit, die Verhandlungen um Mitternacht zu unterbrechen und sämtliche Teilnehmer zu einem Essen einzuladen. Einmal, als alle anderen auf dem Weg zum Speisesaal waren, sah Moshe Sasson sich unverhofft mit dem König allein. Abdallah sprach den jungen Dolmetscher an, und während der kurzen, an sich belanglosen Unterhaltung, die sich daraus ergab, wagte Sasson die Frage: »Majestät, warum wollen Sie eigentlich Frieden mit uns schließen?«

Der König antwortete lächelnd: »Ach, im Grunde, weil es nicht so wichtig ist. Das liegt nun einmal so in der Natur der Menschheit und der Welt. Schau sie dir an: Wir befinden uns jetzt in der Mitte der Nacht. Aber der Nacht wird der Tag folgen. Dann wird es wieder Nacht und abermals Tag. Und so ist es auch mit den Menschen. Dem Krieg folgt der Frieden, so war es immer. Aber dem Frieden wird auch der Krieg folgen.«

Abdallahs als authentisch verbürgte Äußerungen – sein israelischer Gesprächspartner lebt heute im Ruhestand – lassen manche Fragen offen. Hielt er den Frieden, über den er verhandelte, wirklich für eine oberflächliche Angelegenheit mit zwangsläufig begrenzter Dauer? Einem gerechten Urteil darüber kam der Tod zuvor: Jordaniens König wurde, noch während die Gespräche mit Israel liefen, im Juli 1951 von einem Palästinenser ermordet. Noch im Anfangsstadium endete damit vorläufig auch der Friedensprozeß zwischen Israel und dem benachbarten Jordanien.

Ohne damit ernstlich auf Widerspruch zu stoßen, hatte man die Krise im Nahen Osten, als sie offen ausgebrochen war, als einen Konflikt ohne Streitobjekt bezeichnen können. Gewöhnlich kämpfen Kriegsgegner um irgendwelche Rechtsgüter, um ein bestimmtes Territorium, um Bodenschätze oder die Rechte von Minderheiten, auch um Ideologien. Sie bekriegen sich, solange ihre Mittel und Kräfte reichen, das heißt, bis entweder eine Partei die andere besiegt hat oder beide, gleichermaßen erschöpft, nach einem Kompromiß suchen. Hat es die eine Partei hingegen allein darauf abgesehen, die andere zu vernichten oder zu vertreiben, gibt es nichts, über das verhandelt werden könnte. Dies etwa, jeden Kompromiß ausschließend, war die Position der Palästinenser und der arabischen Nachbarstaaten gegenüber Israel, und zwar keineswegs nur in den ersten Jahren seiner staatlichen Existenz. 1949, als die Waffen schwiegen, war die Lage im Nahen Osten nicht weniger explosiv als vorher.

In Israel harrten damals noch andere Probleme ihrer Lösung. Vom anhaltenden Kriegszustand, der sich unvermindert fortsetzenden Belagerung des Landes und der Notwendigkeit einer raschen militärischen Aufrüstung abgesehen, beanspruchten der Aufbau einer soliden Volkswirtschaft und, mehr noch, die Aufnahme von Scharen von Flüchtlingen und Vertriebenen alle Kräfte. Aus Europa konnten endlich die Überlebenden der Konzentrationslager einreisen. Gleichzeitig trafen aus den arabischen Ländern Flüchtlinge ein, die als Vertriebene galten, obwohl diese Bezeichnung im strengen Wortsinn gewiß nur auf einen Teil von ihnen zutraf. Viele kamen einfach, um ungefährdet leben zu können, denn es gab arabische Länder, in denen sich die antijüdische Stimmung in etwa die Waage hielt mit offenen Sympathien für die Nazis. Andere Einwanderer wiederum ließen sich von ideellen Motiven – etwa zionistischen – oder von religiösen Überzeugungen leiten, auch sie voll neugieriger Erwartung, aber meist ebenso mittellos wie alle übrigen, mit keiner weiteren Habe als der, die sie auf dem Leibe trugen.

Als Flüchtling brauchte sich jeder Zuwanderer nur bis zur Ankunft in Israel zu fühlen. Unmittelbar nachdem er das Land betreten hatte, wurde er Israeli, Staatsbürger mit gleichen Rechten und Pflichten wie jeder andere, einschließlich der hier Geborenen. Die Herkunft aus unterschiedlichen Kultur- und Sprachkreisen, die Fremdartigkeit bestimmter Gewohnheiten, soziale Unterschiede, Eingewöhnungsschwierigkeiten am Anfang oder der Zusammenschluß zu neuen politischen Gruppierungen – all das war kein Hinderungsgrund, den Einwanderern, nachdem sie aufgenommen waren, unter dem Aspekt ihrer Gleichberechtigung jede nur mögliche Hilfe zu gewähren, ihnen allmählich ein nationales Bewußtsein zu vermitteln und sie gesellschaftlich voll zu integrieren. In dieser Art des Umgangs mit Flüchtlingen, trotz aller auch heute bestehenden Eingliederungsprobleme, unterscheidet sich Israel zweifellos von den arabischen Staaten. Denn dort sind die Flüchtlinge aus Palästina geblieben, was sie am Anfang waren: unterprivilegiert und gesellschaftlich ausgegrenzt – und dies ungeachtet der gemeinsamen Sprache und Religion.

Das demographisch ungewöhnlich vielfältige Erscheinungsbild Israels ist das Ergebnis seiner Geschichte. Müßig, die einzelnen Herkunftsländer, die Wege aller eingewanderten und hier seßhaft gewordenen Juden aufzuzählen und zu versuchen, aus unzähligen Einzelschicksalen eine Art Ordnungsschema zu entwerfen, in dem alle Bevölkerungsgruppen, kleine wie große, ihren festen Platz haben. Eine derartige Bestandsaufnahme hätte, wenn überhaupt, immer nur befristet Gültigkeit, spätestens nach einer Generation würde sich ein völlig anderes Bild ergeben.

Insofern relativieren sich Aussagen zur sogenannten Spaltung der israelischen Gesellschaft ständig von selbst. Im übrigen treffen sie meist mehr die äußeren Merkmale eines Problems als das Problem selbst und dessen komplizierte soziale und psychologische Ursachen. Mit »Spaltung« ist der Gegensatz zwischen Juden europäischer Herkunft und Einwanderern aus islamischen Ländern gemeint. Beide Gruppen sind von eigenen, sehr unterschiedlichen Erfahrungen geprägt, die in der Mehrzahl aller Fälle freilich schon geraume Zeit zurückliegen, was nicht bedeutet, daß ihre Auswirkungen für die Betroffenen wie auch für Außenstehende heute nicht mehr wahrnehmbar seien. Was das Verhältnis der beiden Gruppen zueinander interessant macht, ist – unter anderem – eine gewisse Ähnlichkeit mit dem schwierigen Prozeß des Zusammenwachsens der Bevölkerung in Ost und West seit der deutschen Wiedervereinigung.

Auch hier, in Deutschland, scheint es zunächst allein um äußere Faktoren zu gehen. Die Höhe der finanziellen Mittel, die die Bundesregierung als Hilfe für die »neuen Länder« bereitstellt, ist gewaltig. Sie gilt als absolut beispiellos in der Geschichte und ist auch nicht mit den Summen vergleichbar, mit denen der amerikanische Marshall-Plan nach dem Zweiten Weltkrieg ganz Westeuropa den Wiederaufbau ermöglicht hat: Es sind Leistungen im Wert von rund 150 Milliarden Mark, die den sechzehn Millionen Einwohnern der östlichen Bundesländer jährlich in irgendeiner Form zugute kommen. Die Unzufriedenheit, die sich dennoch unter vielen DDR-Bürgern verbreitet hat, wird im Westen vielfach mit dem Vorwurf der Undankbarkeit quittiert.

Trotz aller positiven Erfahrungen, die sie gewöhnlich auch nicht bestreiten, haben zahlreiche Ostdeutsche offenbar wirklich allen Grund, unzufrieden zu sein. Sie leiden, um nur einige der häufigsten Klagen zu nennen, unter der enorm hohen Arbeitslosigkeit, dem Verlust früherer Privilegien oder ungenügenden beruflichen Perspektiven für Jugendliche – alles Tatbestände, deren Folgen im Einzelfall mitfühlendes Verständnis wecken. Abgesehen davon aber, daß die Mehrheit der ostdeutschen Bevölkerung im arbeitsfähigen Alter einer regulären Beschäftigung nachgeht und mit der Vereinigung der beiden deutschen Staaten eher Rechte dazugewonnen als verloren hat, scheinen die Wurzeln der Unzufriedenheit tiefer zu reichen, als es die immer wieder genannten Gründe vermuten lassen. Auch hierin zeigen sich Parallelen zum Verhältnis zwischen »europastämmigen« Juden in Israel und den aus den islamischen Ländern eingewanderten.

Kaum ein Angehöriger des letztgenannten Volksteils leugnet das Maß an staatlicher Förderung, die den Juden aus islamischen Ländern nach ihrer Einbürgerung zuteil wurde. Viele kamen mittellos und ohne Ausbildung aus rückständigen Regionen der arabischen Welt. Heute haben sie meist nicht nur Arbeit und ein gesichertes Einkommen, nicht selten auch ergriffen sie akademische Berufe, bezogen mit ihren Familien eigene Häuser, gelangten in hohe öffentliche Positionen und brachten es mit Glück und Tüchtigkeit zu einigem Wohlstand – längst integrierte, »normale« Israelis also, denen oft nicht einmal mehr ihre Herkunft anzumerken ist. Und dennoch äußern nicht wenige von ihnen Enttäuschung und Bitterkeit, Erinnerungen an unerwartet schmerzliche Erfahrungen, die sie nach ihrem Eintreffen in Israel machten. Wer nach näheren Erklärungen fragt, stößt unabweisbar auf das gleiche Trauma: So dankbar die Neuankömmlinge jede materielle Hilfe annahmen, so tief sahen sie sich in ihrer Würde verletzt, wenn man ihnen direkt oder indirekt das Gefühl der Minderwertigkeit vermittelte, sie etwa spüren ließ, wie ungebildet, wie ungeschickt und wenig vertraut mit modernen Lebensformen sie waren, zwar lern- und leistungsfähig, doch im Grunde noch weit entfernt vom sozialen Status des israelischen Durchschnittsbürgers. Alles dafür Nötige, tröstete man sie, werde ihnen aber noch beigebracht.

Ob die Beamten der Einwanderungsbehörden, von denen die aus islamischen Ländern kommenden Juden wohl hauptsächlich derart erniedrigende Eindrücke empfingen, die mögliche Wirkung ihres Verhaltens bedacht haben oder nicht – die seelischen Schäden, die sie anrichteten, sind nicht einfach vergessen worden. Dabei läßt sich fast noch verstehen, daß den älteren Juden keine sonderliche Beachtung geschenkt wurde, daß man sie mehr oder weniger sich selbst überließ. Die so Behandelten aber waren die Eltern und Großeltern der Jüngeren, die damit zu nahen, unmittelbaren Zeugen der Isolation wurden, in die die Alten zwangsläufig geraten sind.

Herablassende Paternität also als Grundhaltung mit schwer heilbaren Folgen. Manchmal frage ich mich, ob sie nicht *das* Problem in den neuen deutschen Bundesländern ist. War auf westlicher Seite gegenüber den befreiten Brüdern und Schwestern ein vielleicht allzu väterlich belehrendes Wohlwollen im Spiel, das als anmaßend verstanden und als verletzend empfunden wurde? Jahrzehnte nach ihrer Aufnahme zeichnet sich in Israel für die aus islamischen Ländern zugewanderten Juden noch immer keine Lösung ab, die auf die Heilung alter Wunden hoffen ließe. Auch im Osten Deutschlands kommt, wenn nicht alles täuscht, der Genesungsprozeß nur schwer in Gang. Probleme des Zusammenlebens und Zusammenwachsens dort wie hier – in jedem Fall wird man, um sie langfristig lösen zu können, an ihren Wurzeln ansetzen müssen.

Bis 1977, als der ägyptische Präsident Sadat Israel mit einem Friedensangebot überraschte, deutete nichts auf ein Nachlassen der Spannungen im Nahen Osten hin. Dreimal noch nach dem Unabhängigkeitskrieg mußte Israel sich mit den arabischen Nachbarstaaten in Kampfhandlungen einlassen, um seine Existenz zu behaupten, und jedesmal erklärten sich die Besiegten nur zum Abschluß vorläufiger Verträge bereit. Eine umfassende Friedensregelung für die gesamte Region war nicht in Sicht, in allen Fällen blieb es bei Waffenstillstandsvereinbarungen. Sie entsprachen den drei Formeln, auf die sich die arabischen Staatsoberhäupter auf einem Gipfeltreffen in Khartum im August 1967, wenige Wochen nach dem Sechstagekrieg, verständigt hatten: keine Anerkennung des Staates Israel, keine Verhandlungen und kein Friedensabkommen mit dem Land, das seinen Gegnern in den vorausgegangenen Kriegen vernichtende Niederlagen bereitet und seine Position in der Weltöffentlichkeit erkennbar gestärkt hatte, nicht nur aufgrund militärischer Erfolge.

Auch 1973, nach dem Jom-Kippur-Krieg gegen Syrien und Ägypten, scheiterten alle Friedensbemühungen zunächst am hartnäckigen Widerstand der arabischen Staaten. Immerhin gelang es den USA und der Sowjetunion nach einem geheimen Sondertreffen der Außenminister Kissinger und Gromyko, das in der Nacht des 22. Oktober 1973 in Moskau stattfand, außer einem sofortigen Waffenstillstand auch die Zusage beider Kriegsparteien zur Teilnahme an einer Friedenskonferenz zu erreichen, die noch vor Ablauf des Jahres beginnen sollte. Eine erste Chance also, wie viele in Israel und zweifellos auch in anderen Ländern der Erde glaubten, in direkten Gesprächen mit den arabischen

Staaten die Bedingungen für einen endgültigen, dauerhaften Frieden auszuhandeln. Es gab Anlaß zu neuen Hoffnungen.

Die Konferenz kam tatsächlich zustande. Am 21. Dezember jenes Jahres trafen sich die Verhandlungsdelegationen in Genf, um sich nach anderthalb Tagen wieder zu trennen, ohne greifbares Ergebnis. Abermals strebten die Araber – diesmal ging es um Truppenentflechtungen – nur vorläufige Lösungen an. Kaum in Genf eingetroffen, bekam ich als Sprecher der israelischen Delegation zu spüren, wie gering das Interesse der anderen Seite an echten Friedensgesprächen war. Die arabischen Teilnehmer waren nicht einmal bereit, uns hinter den Kulissen zu begrüßen. Offensichtlich hatten sie es vor allem darauf angelegt, ihr Gesicht vor der Weltöffentlichkeit zu wahren, besonders den beiden Großmächten gegenüber, deren Druck sie widerstrebend, am Ende aber scheinbar verhandlungswillig nachgegeben hatten. Jetzt versuchten sie nicht ungeschickt, die Konferenz propagandistisch für ihre Zwecke zu nutzen – im Grunde eine Farce, die überwiegend auch so verstanden wurde.

Und doch setzte damals in den Köpfen mancher politischer Führer der nahöstlichen Völker allmählich ein Umdenken ein. Das deutlichste Signal kam vom ägyptischen Präsidenten Anwar as Sadat. Schon seine Erklärung, er selber sei, um Frieden mit Israel zu schließen, zu einer Reise nach Jerusalem bereit und wolle in einer Rede vor der Knesset dem israelischen Volk diese Botschaft persönlich überbringen, erregte beträchtliches Aufsehen. Die Erwartungen schlugen in stürmischen Jubel um, als Sadat bald darauf, im November 1977, tatsächlich vor dem israelischen Parlament sprach. Die Gespräche, die sich daraus ergaben, führten zu den ersten konkreten Friedensverhandlungen im Nahen Osten. 1979 wurden sie erfolgreich abgeschlossen.

Wie war dieser unverhoffte Umschwung zu erklären? Hatte sich tatsächlich ein arabisches Staatsoberhaupt zu einer Kehrtwende entschlossen, um nach jahrzehntelanger Feindschaft gegenüber Israel künftig als Friedensfürst aufzutreten? Sadat hat sich darüber selber Rechenschaft zu geben versucht. Seine Gefühle in bezug auf Israel hätten sich, als er den Flug antrat, nicht grundlegend geändert, schrieb er später; nach wie vor wäre ihm ein Naher Osten ohne diesen Staat weit lieber gewesen. Er habe indessen eingesehen, daß man Israel nicht einfach beseitigen könne. Was 1948 gescheitert war, als erst wenig mehr als eine halbe Million Menschen das Land bewohnten, als es arm war und keine organisierten Streitkräfte besaß, werde jetzt, rund dreißig Jahre später, erst recht nicht gelingen.

Sadat war Realist, auch im Hinblick auf die an Israel verlorenen Gebiete. Um sie für Ägypten zurückzugewinnen, mußte er mit den Eroberern verhandeln; im übrigen galt es, sich mit der Existenz ihres Staates abzufinden. Welche Ziele Israel bei den Verhandlungen verfolgen werde, war Sadat nicht entgangen: Der Frieden mit Ägypten sollte echt und dauerhaft sein, jedenfalls länger währen, als die Tinte der Unterschriften unter den Abkommen zum Trocknen benötigte. Inhaltlich sollten die Verträge alles umfassen, was dem Alltag friedlicher Nachbarn dient: gegenseitige diplomatische Beziehungen, offener Grenzverkehr, wirtschaftliche Zusammenarbeit, ungehinderter Tourismus in beide Richtungen und dergleichen mehr.

Ursprünglich schwebte Sadat ein Abkommen mit weniger weitreichenden wechselseitigen Verpflichtungen vor. Auch warnte er, der Frieden zwischen Israel und Ägypten werde nicht von langer Dauer sein, sofern es nicht gelinge, andere arabische Staaten an dem Vertragswerk zu beteiligen. Noch kurz vor dem Flug nach Jerusalem versuchte er in Damaskus den syrischen Präsidenten zum gemeinsamen Auftreten in Israel zu bewegen – zu zweit, meinte er, ließen sich die arabischen Anliegen wirksamer, mit größerer Erfolgsaussicht vertreten. Überzeugt, man müsse auch die Palästinenser in den Friedensprozeß einbinden, übte Sadat Druck auf seinen israelischen Gesprächspartner, Ministerpräsident Menachem Begin aus, mit der Idee, Begin könne mit einer versöhnlichen Geste die Palästinenser verständigungsbereit stimmen. Der Likud-Führer, der lange nicht einmal die Existenz eines palästinensischen Volkes zugeben mochte, willigte tatsächlich ein: Als vorbereitenden Schritt zu einer endgültigen Friedensregelung schlug er eine palästinensische Autonomie über Gebiete am Westufer und im Ghaza-Streifen vor.

Der syrische Präsident Assad ließ sich von den Friedensbemühungen seines ägyptischen Kollegen wenig beeindrucken. Auch die übrigen arabischen Führer konnten oder wollten sich nicht völlig von der Vorstellung trennen, Israel mit vereinter Kraft zur Aufgabe seiner staatlichen Existenz zu zwingen. Die Palästinenser schließlich beharrten weiterhin auf ihrer traditionellen Position des »alles oder nichts« und weigerten sich, das Angebot anzunehmen, dem sie fünfzehn Jahre später in Oslo zustimmten. Kein Wunder, daß Präsident Sadat, als er den Separatfrieden mit Israel unterzeichnet hatte, in der gesamten arabischen Welt völlig isoliert dastand.

Die Tatsache, daß dieser Frieden trotz mancher Schwierigkeiten bis heute gehalten hat, läßt sich als historischer Glücksfall ansehen. Sadats Anteil daran bleibt unvergessen. Er, ein einfühlsamer Psychologe, begriff Israels legitimes Sicherheitsbedürfnis als vorrangig. Immer wieder kam er in Reden und Gesprächen auf dieses Thema zurück, obwohl in Israel natürlich jeder wußte, daß die Sicherheit des Landes wahrlich nicht zu den Hauptsorgen Ägyptens gehörte. Gerade damit aber, mit dem unaufgeforderten Eingehen auf ihre nationalen Belange, verschaffte sich Sadat bei den Israelis Glaubwürdigkeit und persönliche Sympathien – eine Basis, auf der sich leicht verhandeln ließ. Am Ende erhielt Ägypten alle israelisch besetzten Gebiete zurück, »bis zum letzten Zentimeter«, wie Sadats Lieblingsformel lautete. Sämtliche israelischen Stellungen auf ägyptischem Boden wurden geräumt. Nicht nur dies, man zerstörte sie auch, um Wehmut und Bedauern daheim in Grenzen zu halten. Bemerkenswert ist, daß es nicht irgendeine Regierung war, unter der der Frieden mit Ägypten zustande kam, sondern eine unter Führung des Likud.

Bei allem aufrichtigen Vertrauen, das ihm das israelische Volk entgegenbrachte – im Hintergrund stand oft die bange Frage nach der Haltbarkeit des Friedens in Zeiten, in denen Sadat nicht mehr an der Spitze seiner Regierung stehen würde. Niemand konnte ahnen, wie berechtigt diese Frage war und wie kurz die Frist, die der Präsident noch zu leben hatte. Etwa anderthalb Jahre nach dem Friedensschluß zwischen seinem Land und Israel fiel er einem Mordanschlag zum Opfer.

Skeptiker, die nach Sadats unerwartetem Tod die Stabilität der Abkommen von 1979 in Gefahr sahen, wurden eines Besseren belehrt. Nicht nur der Vertrag, auch der Frieden hatte weiter Bestand. Der Grund war, daß nicht ein so bedeutender Staatsmann wie Sadat allein den Prozeß in Gang gesetzt hatte, der zur Unterzeichnung der Vereinbarungen geführt hat. Frieden war damals – was er auch heute ist – vor allem das Ergebnis einer langjährigen Entwicklung. Begabte Politiker vermögen eine solche Entwicklung zu beeinflussen – vorausgesetzt, sie nehmen sie wahr –, sie können ihren Verlauf unter Umständen beschleunigen oder vorübergehend zum Erliegen bringen, nur liegt es jenseits ihrer Macht, diesen Prozeß bewußt zu inszenieren oder auf längere Sicht ganz zu unterbinden.

In der arabischen Welt war Anwar as Sadat, was seine Bemühungen und Verdienste um den Frieden angeht, ein einsamer Pionier. Seither haben die übrigen Staaten im Nahen Osten nur zögernd von ihren gegen Israel gerichteten Vernichtungsplänen Abschied genommen, mehr und mehr kamen sie nicht umhin, sich mit der Existenz des Staates Israel abzufinden. Die Wende in Mittel- und Osteuropa nach dem Zusammenbruch der Sowjetunion hat diesen Prozeß gehörig beschleunigt. Die Aussicht auf fast unbegrenzte sowjetische Unterstützung, auf die arabische Staaten wie Syrien einmal ihre Politik gründeten, ist durch den Gang der Ereignisse im ehemaligen Ostblock längst gegenstandslos geworden.

Aber auch in Israel ist die Entwicklung nicht stehengeblieben.

Dort glaubte man an ein Wunder, als nach dem Sechstagekrieg 1967 nicht nur der historische Teil des Landes erobert war, sondern nach neunzehn Jahren unter jordanischer Herrschaft auch die Altstadt Jerusalems. Endlich, nach zweitausend Jahren, die Rückkehr des biblischen Kernlands, der alten jüdischen Königreiche – offensichtlich ein Gottesgeschenk, das überall im Land entsprechend bejubelt wurde. Die allgemeine Freude wurde nur dadurch getrübt, daß im befreiten Stammland der Juden ein anderes Volk lebte, arabische Palästinenser. Sie einfach umzusiedeln, verbot sich von selbst. Als einzige Möglichkeit blieb nur, sie israelischer Oberhoheit zu unterstellen.

Israel hat, nachdem es sich für die Ausübung des staatlichen Herrschaftsprinzips über die Bevölkerung in den besetzten Gebieten entschied, lange gebraucht, um daraus Lehren zu ziehen. Die vielleicht wichtigste ist, daß ein Volk nicht über ein anderes herrschen sollte, nicht herrschen darf, ohne sich damit letztlich selbst zu schaden.

Unter diesem Aspekt gewinnt der Friedensprozeß mit den Palästinensern, der 1993 begann, eine völlig andere Qualität, als man ihm gewöhnlich beimißt. Seine Initiatoren waren weder Arafat noch Rabin oder Peres. Als umsichtige, fähige Staatsmänner handelten sie nur wie Vollstrecker einer Entwicklung, die unterschwellig bereits eingesetzt hatte und für die es deutliche Anzeichen gab, Veränderungen in der Mentalität und in der Psychologie der Völker.

Der Meinungsumschwung, der sich damals in Israel geltend machte, betraf nicht zuletzt den Wortführer der Palästinenser, Jassir Arafat. Seine Vergangenheit wies ihn nicht nur eindeutig als Terroristen aus, er hatte auch neue Methoden des Terrors erfunden. Außerdem waren den Anschlägen, die er zu verantworten hatte, auch Ausländer zum Opfer gefallen, Menschen, die weder direkt von der Nahostkrise betroffen noch sonstwie in sie verstrickt waren. Konnte man einem derart skrupellosen Gewalttäter als Verhandlungspartner trauen?

Fragen gab es aber auch zur Vergangenheit von Shimon Peres. In der Arbeitspartei war er der Anführer der »Tauben«. Andererseits war bekannt, daß er sich als Verteidigungsminister der ersten Rabin-Regierung 1974 als Nationalist hervorgetan hatte. Peres war es, der den Ministerpräsidenten drängte, den Palästinensern keinerlei Zugeständnisse zu machen, und auf ihn auch gingen die Anfänge der Siedlungspolitik auf dem israelisch besetzten Westufer zurück.

Zweifel also, Skepsis und Mißtrauen bei denen, die bis dahin voll auf der Seite ihrer Regierung gestanden hatten. Und doch handelte es sich nicht um Heuchler und politische Falschmünzer, die am Verhandlungstisch einen Neuanfang der Beziehungen zwischen Israel und den Palästinensern zu erreichen suchten. Beide Seiten, Israel wie die PLO, wußten, daß es ohne gegenseitige Zugeständnisse, mochten sie auch noch so schmerzlich sein, keinen Frieden geben würde. 1993 unterzeichneten sie ein Abkommen, das als ersten Schritt in diese Richtung die Grundzüge der palästinensischen Autonomie festlegt.

Da kein Friedensprozeß »Väter« im quasi urheberrechtlichen Sinne hat, fällt seinen Gestaltern eine um so entscheidendere Rolle zu. Von ihnen hängen Schnelligkeit und Dauer, Unterbrechungen und das Klima der Verhandlungen ab, die keinem geringeren Ziel dienen als der Herstellung eines Zustands, der Völkern ein konfliktloses Neben- und Miteinander erlaubt. Wird Benjamin Netanjahu, der derzeitige israelische Ministerpräsident, der in wenig hohem Ansehen steht, dieser Rolle gerecht? Sein politischer Ruf gründet sich zunächst auf die Haltung, die er an der Spitze der Opposition in der Zeit vor seinem Amtsantritt im Mai 1996 einnahm. Damals stellte er sich entschieden gegen Verhandlungen mit Jassir Arafat und die Anerkennung der PLO. Ebenso strikt lehnte er den Vertrag von Oslo ab, ungeachtet der weltweiten Zustimmung, die der Abschluß der Vereinbarungen im Jahr 1963 gefunden hatte.

Weniger deutlich als die Gegnerschaft zur Politik Jitzhak Rabins ist die Kehrtwende in Erinnerung geblieben, die Netanjahu noch im Wahlkampf 1996 vollzog. Überraschend setzte er sich für eine Verständigung mit den Palästinensern ein und versprach, das Oslo-Abkommen nicht nur zu respektieren, sondern es auch Schritt für Schritt verwirklichen zu helfen. Nicht weniger deutlich befürwortete er eine Fortsetzung der Verhandlungen mit der PLO.

Netanjahus Sinneswandel, so erstaunlich er war, kam nicht von ungefähr. Wie alle Spitzenkandidaten des Likud kam auch der Oppositionsführer nicht umhin, den starken Friedenswillen zur Kenntnis zu nehmen, der damals die Mehrheit der israelischen Bevölkerung beseelte und bis heute lebendig blieb. Dabei geht es keineswegs um Frieden um jeden Preis, das öffentliche Meinungsbild ist differenzierter.

Da ist zunächst jener Teil, der sich nicht nur vorbehaltlos zum Friedensprozeß bekennt, sondern dafür auch Zugeständnisse und Opfer in Kauf zu nehmen bereit ist. Er umfaßt etwa vierzig Prozent der Gesamtbevölkerung und setzt sich hauptsächlich aus Wählern der Arbeits- und einer noch gemäßigteren Partei, der Meretz-Partei, zusammen. Auf rund zwanzig Prozent läßt sich der Anteil derer schätzen, die einen Frieden mit den Palästinensern ebenso nachdrücklich ablehnen, wie sich ein etwa gleich hoher und ähnlich isolierter Prozentsatz vor zwanzig Jahren gegen den Vertrag mit Ägypten sträubte. Das Hauptargument der Friedensgegner ist die Unverzichtbarkeit der historischen Heimat. Eine dritte Gruppe, ihr Anteil beträgt ebenfalls rund vierzig Prozent, ist die vielleicht wichtigste. Sie besteht aus Bürgern, denen die eigene Sicherheit und die ihres Landes über alles geht. Ideologisch meist weder der einen noch der anderen Seite verpflichtet, machen sie ihre Zustimmung zum Friedensprozeß grundsätzlich von wirksamen Sicherheitsgarantien abhängig. Bleiben diese aus, wird kein noch so leidenschaftlicher Friedensstifter mit ihrer Unterstützung rechnen können. Die Unterstützung durch die Mehrheit der Bevölkerung aber wäre auf jeden Fall notwendig.

Angesichts dieser Interessenlage mit einem deutlichen Übergewicht tatsächlicher und potentieller Friedensbefürworter mußte der Wahlausgang 1996 um so überraschender erscheinen. Dafür, daß Shimon Peres nicht Regierungschef blieb, gibt es eine ebenso einfache wie traurige Erklärung: die Häufung von Terroranschlägen arabischer Extremisten. Ihre Wirkung war verheerend, in jeder Hinsicht. Ausgerechnet auf dem Höhepunkt der Osloer Verhandlungen erreichten die Gewaltakte gegen Israel ein bis dahin beispielloses Maß. In der Bevölkerung herrschten Zorn und Verzweiflung. Sah so der Frieden aus, den sich die Mehrheit sehnlich wünschte?

Netanjahu besaß ein feines Gespür für die Stimmung im Volk. Er wußte ihre Schwankungen einzuschätzen, ebenso die Erwartungen jener vierzig Prozent, bei denen das Sicherheitsproblem Priorität vor allem anderen hatte. Hauptsächlich mit dem Blick auf sie versicherte er im Wahlkampf, er werde den Friedensprozeß fortsetzen, nur anders und effizienter, als Peres ihn auf israelischer Seite geführt hätte. Die Sicherheitsfrage werde dabei nicht ins Hintertreffen geraten, im Gegenteil, mit ihrer Vernachlässigung durch Peres müsse es ein Ende haben. Genau dies wollte ein Großteil der Israelis damals hören, und Netanjahu nutzte instinktiv seine Chancen. Seine Erklärung, den Friedensprozeß fortführen zu wollen, nur unter anderen sicherheitspolitischen Bedingungen, stand im Einklang mit der öffentlichen Meinungsmehrheit.

An die Macht gelangt, ergriff der neue Regierungschef tatsächlich eine Reihe mutiger Initiativen. Viele, die ihn nur als Oppositionsführer kannten, verblüffte, daß er mit Arafat zusammentraf, auch auf anderen Ebenen die Verhandlungen mit den Palästinensern fortsetzte und mit ihnen das Hebron-Abkommen schloß, das wegen mangelnder Unterstützung weder Rabin noch Peres zustande gebracht hatten. Sogar palästinensische Terroristinnen wurden auf Netanjahus Veranlassung aus israelischen Gefängnissen auf freien Fuß gesetzt – wieder etwas, das Rabin und Peres versprachen, aber nicht umzusetzen vermochten. Auch die von der Regierung erst nach heftigem Widerstand akzeptierten neuen Abzugspläne für israelische Truppen auf dem Westufer sind weitgehend Netanjahus Werk.

Der positiven Bilanz seiner bisherigen Amtszeit halten Kritiker entgegen, Israels Ministerpräsident habe den Friedensprozeß mehr als einmal in Schwierigkeiten gebracht, ihn zeitweilig sogar ernstlich gefährdet. Solche Einwände berücksichtigen oft nicht die Zusammensetzung der Koalition, auf deren volle Unterstützung Netanjahu bei jeder Entscheidung angewiesen ist, sofern er nicht Handlungsunfähigkeit riskieren will. Das Regierungsbündnis vereint fast alle rechten Gruppierungen des Landes, sämtliche orthodoxen Parteien, auch Ultra-Orthodoxe, überwiegend Gesinnungspolitiker mit wenig ausgebildeter Fähigkeit zum Kompromiß. Hieraus, aus koalitionsbedingten Verhärtungen, erklärt sich vieles, was man Netanjahu öffentlich anlastet und das zugleich den Hintergrund zur immer wiederkehrenden Forderung bildet, mit der wichtigsten Oppositionspartei in Israel, der Arbeitspartei, eine große Koalition einzugehen.

Keine israelische Regierung wird es sich leisten können, den Friedensprozeß zu torpedieren, schon aus Rücksicht nicht auf die Erwartungen im eigenen Volk. Daß sich darin der allgemeine Friedenswunsch mit der Lösung des palästinensischen Problems, ebenso konkret aber auch mit der Sicherheitsfrage verbindet, wird nicht immer und überall verstanden. Dabei erklärt sich das Bedürfnis der Israelis, in Sicherheit zu leben, aus zwei unvergeßlich einschneidenden Grunderfahrungen. Es ist einmal die zweitausendjährige Geschichte der Verfolgungen, denen das jüdische Volk ausgesetzt war, zum anderen die unaufhörlich gewaltsame Bedrohung des Staates Israel vom Tag seiner Gründung an.

Nun läßt sich nicht bestreiten, daß die ständige Sorge um die eigene Sicherheit zu einer gewissen Verkrampfung im Umgang mit denjenigen führt, die eben diese Sicherheit gewährleisten sollen. Sadat – wie später auch König Hussein – ging in seinen Verhandlungen flexibel auf Israels Sicherheitsbelange ein, wohingegen die Palästinenser eher dazu neigen, eigene Probleme ins Blickfeld zu rücken. Während Sadat alles tat, um Übergriffe von ägyptischer Seite zu verhindern, litten die Israelis seit der Aufnahme der Friedensverhandlungen in Oslo unter besonders extremen Gewaltakten der Palästinenser. Glaubwürdigkeit hat ihren Preis. In Israel weiß man natürlich um die Schwierigkeiten, den Terror zu unterbinden, doch erwartet man von der PLO in dieser Hinsicht ein noch intensiveres Engagement.

Sieht man ab von den Terroristen und Fundamentalisten, die unbelehrbar ihr tödliches Handwerk für ein Mittel der politischen Auseinandersetzung halten, so hat sich heute überall im Nahen Osten die Erkenntnis durchgesetzt, daß ein neuer Krieg keinem der Beteiligten irgendeinen Vorteil verschaffen kann – jeder würde nur verlieren. Besonders hoch wäre das Verlustrisiko für die Palästinenser: Während sie vor fünf Jahren noch unter israelischer Besatzung lebten, unterstehen sie heute zu neunzig Prozent ihrer eigenen Verwaltung – sicherlich keine endgültig befriedigende Lösung, doch ein Etappenerfolg, der im Kriegsfall mit aller Wahrscheinlichkeit zunichte würde. Was die Israelis angeht, so geriete unweigerlich die mühsam errungene Anerkennung durch Nachbarländer in Gefahr, einschließlich verläßlicher Sicherheitsabkommen. Und der Nahe Osten insgesamt würde sich aller gegenwärtigen und künftigen Entwicklungschancen begeben, mithin auch der Möglichkeit, konkrete überregionale Pläne zu realisieren. So gesehen ist der Friedensprozeß, aller Krisen und Unterbrechungen zum Trotz, schon heute unumkehrbar.

Syrien spielt in diesem Prozeß noch immer eine Sonderrolle. Alles in allem wirkt sie seltsam widersprüchlich und ambivalent, gekennzeichnet durch die kontakt- und tatenlos abwartende Politik des syrischen Präsidenten Assad gegenüber Israel. Erst im Oktober 1991, kurz nach dem Golfkrieg, kam es in Madrid zu ersten offiziellen Friedensgesprächen zwischen beiden Staaten. Auf diese Weise erfuhr das syrische Volk, daß seine Regierung zumindest zum damaligen Zeitpunkt bereit war, die staatliche Existenz Israels zu respektieren.

Nachdem sich die in die Madrider Konferenz gesetzten Hoffnungen zerschlagen hatten, unterblieb auf syrischer Seite jedes Signal zu weiteren Verhandlungen. Die Versuche dreier nachfolgender israelischer Ministerpräsidenten, mit Assad zusammenzutreffen, hatten keinen Erfolg. Der Syrer ließ entsprechende Angebote unerwidert und erlaubte nur seinen jeweiligen Botschaftern in Washington, Gespräche mit den dortigen israelischen Amtskollegen zu führen – eine absolut unzureichende Ebene in Anbetracht der zentralen Fragen, über die verhandelt werden müßte, und unangemessen auch angesichts der nach wie vor angespannten Lage im Nahen Osten.

Entsprechend waren die Schlüsse, die der israelische Durchschnittsbürger zog: Syrien ist an keinem wirklichen Frieden mit Israel interessiert, allenfalls an einem als Frieden getarnten Waffenstillstand. Dafür die seit 1967 besetzten Gebiete zu räumen, wichtige strategische Positionen, wäre mehr als fahrlässig und würde nur dem Ausbruch neuer Feindseligkeiten Vorschub leisten. Folglich kann auch für die gemäßigten Israelis ein Verzicht auf die Golanhöhen nur im Rahmen eines ähnlich umfassenden Friedensvertrags in Betracht kommen, wie er im März 1979 mit Ägypten geschlossen wurde.

Damit ist freilich noch nicht die Frage beantwortet, weshalb Syrien sich – womöglich trotz besserer Einsicht – dem allgemeinen Verlangen nach Frieden im Nahen Osten so auffallend verschließt, weder willens, sich mit der Existenz Israels abzufinden, noch zu Gesten bereit, die sich als glaubwürdige Zeichen eines gründlichen Umdenkens deuten ließen. Denn daß auch Syrien nicht mit einer echten Alternative zum Friedensprozeß aufwarten kann, davon dürfte auch Assad mittlerweile mehr überzeugt sein denn je. Was die Regierung in Damaskus hindert, dies offen einzuräumen, hat wohl hauptsächlich innenpolitische Gründe. Syrien ist ein Staat, der von einer ethnischen Minderheit regiert wird, mit Mitteln, die denen eines Polizeistaats gleichen. Eine Politik der offenen Grenzen und der Zusammenarbeit gibt es weder gegenüber den arabischen Nachbarn noch im Verhältnis zur angrenzenden Türkei im Norden.

Weshalb also, könnte man fragen, sollte Syrien dem Erzfeind Israel anbieten, was es den Nachbarn nicht oder nur widerstrebend gewährt? Vordergründig zumindest eine gewiß berechtigte Frage, zumal die Syrer bisher stets am längsten auf sich warten ließen, wenn es um Vereinbarungen zur Waffenruhe oder um den Austausch von Gefangenen ging. Immerhin, sie kamen. Insofern darf die Welt zuversichtlich sein, daß auch dieser Staat des Nahen Ostens sich mit seinen libanesischen Vasallen eines Tages an einer durchgreifenden Friedenslösung beteiligen wird.

Deutschland und Israel –
Schritte zur Partnerschaft

1949, ein Jahr nach Erlangung der Unabhängigkeit, begann der Staat Israel seinen Bürgern Reisepässe auszustellen. Mit dem Raum für Personalien, Lichtbild und Gebührenmarke unterschieden sie sich nicht von den Pässen anderer Länder. Auffallend war nur ein Stempeleindruck, der in lapidarer Kürze den Geltungsbereich einschränkte: »Gilt für alle Länder mit Ausnahme Deutschlands«.

Für die meisten Israelis war der Hinweis nicht nur akzeptabel, man nahm ihn als geradezu selbstverständlich hin: Er entsprach der Zeitsituation und der allgemeinen Stimmung im Lande. Wer dachte auch schon daran, sich ausgerechnet auf den Weg nach Deutschland zu machen? Die Schatten des Zweiten Weltkriegs, die Schrecken des Holocaust waren noch zu nah, als daß der Vermerk nachdenklich hätte stimmen oder überraschen können.

Trotz allem aber, was geschehen war – mit der Wirklichkeit in Einklang zu bringen war das, was der Stempel besagte, genaugenommen nicht. Denn damals gab es kein Nazi-Deutschland mehr, 1949 war das Gründungsjahr der Bundesrepublik. Insofern stellte sich die Frage, weshalb deren Grenzen, auch die der im selben Jahr ins Leben gerufenen DDR von Israelis nicht passiert werden durften. Israel stand weder zum einen noch zum anderen Nachfolgestaat des Hitler-Reichs in feindseliger Beziehung, mit keinem von beiden hatte es Krieg geführt. Kriegszustand dagegen herrschte, seit sie 1948 den soeben unabhängig gewordenen Staat überfallen hatten, zwischen Israel und den arabischen Nachbarländern. Lag es deshalb nicht näher, Ägypten, Syrien oder den Irak als Reiseziele auszuschließen? Daß die wirklichen Feinde Israels direkt an seiner Grenze standen, konnte jedenfalls niemand bestreiten.

Tatsächlich sind damals in Israel die Erinnerungen an den Zweiten Weltkrieg und die Allgegenwart seiner Folgen mächtiger gewesen als das Gefühl unmittelbarer Bedrohung. Der junge Staat sah sich konfrontiert mit den Schicksalen von Hunderttausenden jüdischer Flüchtlinge, darunter befreite Nazi-Opfer, ehemalige Häftlinge der Todeslager, die meist mittellos und nach langer Odyssee in Israel eine neue Heimat suchten. Allein der Anblick dieser Menschen ließ alle übrigen Probleme in den Hintergrund treten.

Je mehr sich nach dem Krieg das Ausmaß des Holocaust abzeichnete, je verläßlicher die Opferzahlen wurden und je mehr Einzelheiten der »Endlösung« an die Öffentlichkeit drangen, desto nachdrücklicher setzte sich zumal die jüngere Generation der Israelis mit der Frage auseinander: Was hatte das jüdische Volk zur Abwehr der größten Tragödie seiner Geschichte getan? Warum hatte es nicht wenigstens mit dem Mut der Verzweiflung sein Verderben abzuwenden versucht? Widerstandslos, passiv bis zur Selbstaufgabe lieferte es sich seinen Peinigern und Mördern aus. Die Betroffenheit über den millionenfachen Judenmord überstieg jedes menschliche Maß, doch ebenso unfaßlich war, daß er den Nazis ohne nennenswerte Gegenwehr gelingen konnte. Lämmer, die sich, den Tod vor Augen, willig zur Schlachtbank führen ließen – dieser Eindruck löste bittere Emotionen aus, nachträgliche Scham und das Gefühl kollektiver Ohnmacht und Erniedrigung.

So ungerecht gegenüber den Opfern dieser Eindruck auch gewesen ist, er hat die ablehnende, von Abscheu und Entsetzen geprägte Einstellung der Israelis zum Land der Täter zwangsläufig noch verstärkt. Deutschland hatte sich selbst aus der Liste der zivilisierten Völker gestrichen. Es war zum Niemandsland geworden, ein unberechenbares, fiktives Etwas, das man am besten mied. Daher auch der Stempel, der es für unbetretbar erklärte.

Auf um so größeres Unverständnis mußten deshalb Äußerungen aus dem israelischen Regierungslager treffen, die vorsichtig zwischen dem alten, schuldbeladenen Deutschland, das 1945 untergegangen war, und der neuen Bundesrepublik zu differenzieren versuchte. David Ben Gurion selber war es, der Gründer und erste Ministerpräsident Israels, der bereits 1949/50 vom Entstehen eines »anderen« Deutschland zu sprechen wagte. Seine Landsleute, erklärte er, hätten die Pflicht, diejenigen moralisch zu unterstützen, die sich um den Aufbau dieses anderen, besseren Deutschland bemühten, indem sie etwa der Jugend demokratische Erziehungs- und Bildungsideale vermittelten.

Die Mehrheit der Israelis war damals bereit, ihrem Staatsgründer überallhin zu folgen. Sein Appell jedoch, Verständnis und Hilfsbereitschaft für ein angeblich im Wandel begriffenes Deutschland aufzubringen, überforderte den guten Willen des Durchschnittsbürgers. Für derartige Aufrufe, noch so behutsam formuliert, war die Zeit nicht reif. Kein Wunder also, daß Ben Gurions wohlmeinende Worte in der Bevölkerung auf fast einhellige Ablehnung stießen.

Was wußte der gewöhnliche israelische Bürger über das Deutschland der Nachkriegsjahre, wie urteilte er über dessen Bewohner? Sofern er sie überhaupt zur Kenntnis nahm, blieb von den Nachrichten aus jenem fernen, rätselhaften Land vor allem eine im Gedächtnis. Sie bezog sich auf den Versuch der Deutschen, ihre jüngste Vergangenheit, so gut es ging, zu verdrängen. Es hieß, sie behaupteten schlichtweg, während der Nazi-Zeit von Vernichtungslagern und dem, was dort geschah, nie gehört und nichts gewußt, nicht einmal etwas geahnt zu haben. Der Nazi-Verbrechen und der Mitschuld, die sie womöglich trugen, entledigten sie sich durch Schweigen. Sie hofften, unter den Teppich der Geschichte kehren zu können, wovon die Weltöffentlichkeit längst erfahren hatte – ein beispiellos verachtenswerter Vorgang, für den es nach Meinung vieler nur eine – heimliche – Rechtfertigung gab: eingestandene eigene Verstrickungen, versteckte Mitwisser- oder Mittäterschaft.

Wochenschau-Reportagen, die in Israel in den Kinos liefen, bestätigten genau dieses Bild eines sich ahnungslos gebenden Volkes. Ein Filmbericht zeigte Szenen aus dem KZ Buchenwald nördlich von Weimar, aufgenommen kurz nach Befreiung des Lagers durch Soldaten der amerikanischen Armee. Es ist ein erschütterndes Dokument: Hier der Anblick aufgetürmter Haufen toter Häftlinge und der zu Skeletten abgemagerten Überlebenden, dort die Reaktion von Bürgern Weimars, die von den Amerikanern zwangsweise mit den grausigen Bildern konfrontiert wurden. Ihr einziger, stereotyp wiederholter Kommentar: Von all dem haben wir nichts gewußt.

Jede andere Erklärung hätte glaubhafter gewirkt, der Hinweis etwa auf den eigenen Willen zum Überleben, auf mangelnden Mut, auf Schweigegebote oder die tödliche Gefahr, politische Verbrechen im Dritten Reich offen als solche zu benennen. Alles, wäre es nur ehrlich gewesen, hätte mehr überzeugt als die unbeholfene Beteuerungsformel, man habe von dem, was in Buchenwald geschah, »nichts gewußt«. Manche hatten von ihren Fenstern aus einen Blick auf das Lager, anderen begegneten fast täglich Gruppen ausgemergelter Häftlinge auf »Arbeitskommando« in der Stadt oder in der Umgebung, von SS-Leuten bewacht.

Die Weigerung eines Großteils der deutschen Bevölkerung, sich und dem Ausland einzugestehen, daß sie einem von Anfang an verbrecherischen Regime hörig war, das Vorschützen von Unkenntnis und mangelndem Durchblick, der Versuch, Unrecht zu bezweifeln, zu bagatellisieren oder völlig in Abrede zu stellen – alles das mußte mehr als befremdlich wirken auf ein Volk, das damals verzweifelte Anstrengungen unternahm, überlebende Opfer jenes Unrechts bei sich aufzunehmen.

Die Berichte, die in den ersten Nachkriegsjahren aus Deutschland in die von Juden bewohnten Gebiete Palästinas, das spätere Israel, drangen, hatten eine in der Tat schockierende Wirkung. Viele befaßten sich mit Prozessen gegen Kriegsverbrecher und ehemalige Funktionsträger des Dritten Reiches, und fast immer war von Unschuldsbeteuerungen die Rede, selten von Einsicht oder Reue. Exilierte deutsche Juden, die nach dem Krieg wieder in ihrem Land Fuß zu fassen suchten, stellten erstaunt Risse und Lücken im Erinnerungsvermögen ihrer ehemaligen Mitbürger fest. Deren Gedächtnis versagte, wenn es um das Thema der Judenverfolgung unter den Nazis ging. Dabei hatten die antijüdischen Kampagnen ja nicht erst mit dem Terror der »Reichskristallnacht« im November 1938 begonnen. Überdies hatten sich zahllose Übergriffe in aller Öffentlichkeit abgespielt.

Kurz, das Deutschlandbild, das sich in den ersten Jahren nach dem Krieg den Juden Palästinas vermittelt hat, war nichts anderes als eine folgerichtige Reaktion auf die Art, in der die Deutschen mit sich und ihrer Vergangenheit umgingen. Dazu kamen Erfahrungen von KZ-Überlebenden, Artikel und Bildreportagen. Übereinstimmend handelten sie von einem in Trümmern liegenden Kriegsschauplatz, dessen Bewohner neben anderen Verlusten den ihrer Identität beklagten und zugleich der zentralen Frage auswichen, welchen Beitrag dazu sie selber geleistet hatten.

Ein Volk, das seine Vergangenheit nicht zur Kenntnis nehmen will, sei verurteilt, sie noch einmal zu erleben. Der Satz George Santayanas, des spanisch-amerikanischen Dichters, schien auf die Situation im Nachkriegs-Deutschland wie gemünzt. Merkwürdig war nur, daß das besiegte Volk, das in Ruinen lebte, nicht einmal zur Anklage gegen diejenigen fähig war, die außer den eigenen Landsleuten auch Millionen anderer Menschen ins Unheil getrieben hatten. Es gab Ausnahmen, Männer und Frauen aus dem Widerstand etwa. Das Gros der Deutschen jedoch empfand kaum Haß gegen die früheren Machthaber, wie William L. Shirer in seinem Buch »Aufstieg und Fall des Dritten Reiches« anmerkt, das in Israel starke Verbreitung gefunden hat.

Shirer, amerikanischer Staatsbürger, hatte lange in Deutschland gelebt, bevor er 1941, nach dem Kriegseintritt der USA, seine Arbeit als Zeitungskorrespondent aufgeben und nach Amerika zurückkehren mußte. Vier Jahre später, nach dem Ende der NS-Diktatur, sah er das Land als Kriegsberichterstatter wieder – eine alptraumhafte Begegnung, die Shirer eindringlich schildert. Er findet Deutschland nicht nur äußerlich verändert, betroffener noch macht ihn die Apathie der Menschen, ihre teilnahmslose Suche nach Ausflüchten, wenn es um die Beantwortung der Frage nach Schuld oder Mitverantwortung geht.

Vielen Israelis erschloß sich erst durch Shirers Buch die teuflische Zwangsläufigkeit, die vom Antisemitismus früherer Jahrhunderte zur Ermordung von Millionen europäischer Juden unter Hitler führte. Mit dem Scharfblick des Historikers, der sich in der Mentalität der Deutschen gut auskannte, beschrieb Shirer die Perfektion, mit der die Mörder und ihre Helfer ihr Werk verrichteten. Sein Versuch, auch die offensichtlichen Gewissensdefizite derer zu analysieren, die vielleicht wirklich »nur« Mitwisser waren, einfache, gläubige Gefolgsleute der Nazis in einer großen, anonymen Masse, mündet in ein unauflösbares Bündel von Fragen. Junge Israelis hatten darauf eine einfache Antwort: Die große Mehrheit der Deutschen hat sich mit seiner Führung identifiziert. Nicht nur das System, das ganze Volk hatte versagt.

Vor diesem Hintergrund schien die Reaktion auf Ben Gurions Hinweis, es formiere sich ein anderes Deutschland, nur allzu verständlich. Der Optimismus des Staatsgründers wirkte nicht nur verfrüht, er mutete absolut unrealistisch an. Jeder voreilige Schritt, der darauf abzielte, Gegensätze zu überbrücken, konnte aufgrund falscher Auslegungen nur zu Mißverständnissen führen, nicht nur in Deutschland. Im übrigen gab es im eigenen Land Probleme genug, das gespannte Verhältnis zu den arabischen Nachbarn erforderte höchste Wachsamkeit.

So tief sich im Bewußtsein des israelischen Volkes die Ungeheuerlichkeit des Holocaust auch festgesetzt hatte, so wenig dachte man an Rache oder Vergeltung. Das Vorhaben junger ehemaliger KZ-Häftlinge, SS-Gefangene in einem süddeutschen Lager mit vergifteten Lebensmitteln umzubringen, war allzu dilettantisch eingefädelt und endete kläglich, ohne daß auch nur einer der SS-Männer zu Schaden kam. Deutschland in dem Zustand, in dem es sich damals befand, schien mit sich selbst genug bestraft. Außerdem hätten von privater Seite vorbereitete Geheimaktionen manchem Deutschen womöglich als spätes Alibi gedient.

Nein, Rachegelüste gegenüber Deutschland und den Deutschen haben nach 1945, wenn überhaupt, im jüdischen Volk nur eine geringe Rolle gespielt. Statt dessen wuchsen die Bestrebungen, einen eigenen Staat zu gründen, während es zugleich zu einer neuen, tieferen Bewußtwerdung all der Leiden kam, die den Juden im Verlauf ihrer langen Geschichte widerfahren waren. Die Erinnerung daran war nie erloschen, jetzt aber wirkte sie wie ein befreiender Impuls. Von ihm gingen Signale zur Sammlung und Einigung aus, er stiftete Identität und mobilisierte vor allem die Kräfte der jungen Generation. Aus der Rückbesinnung wuchs ein neues Selbstbewußtsein, damit auch ein neuer Wille zur Selbstbehauptung. Diskriminierungen oder gar Massenverbrechen gegen Juden würden ein für allemal der Vergangenheit angehören.

Nicht immer in der von Jahrhundert zu Jahrhundert reichenden Kette der Demütigungen, der Unterprivilegierung und Vertreibungen haben die europäischen Juden das Unrecht, das ihnen geschah, einfach nur hingenommen. Die Möglichkeiten, sich zur Wehr zu setzen, waren allerdings zu allen Zeiten gering. Eine Art kollektiver Strafakt war der Bann, den die 1492 aus Spanien vertriebenen Juden über ihr ehemaliges Gastland verhängten. Er sollte ewig bestehen, für immer unaufhebbar sein: Kein Jude durfte fortan mit Spaniern sprechen, geschweige denn spanischen Boden betreten. Erst 1992, nach fünfhundert Jahren, haben König Juan Carlos und der damalige israelische Staatspräsident Chaim Herzog bei einem gemeinsamen Treffen den Bann für aufgehoben erklärt.

War es nach dem Ende des Zweiten Weltkriegs angezeigt, auch Deutschland mit einem Bann zu belegen? Das Reiseverbot, das in die Pässe israelischer Bürger eingestempelt war, ging in diese Richtung. Deutschland galt noch jahrelang als Sperrzone, war unter Hunderten von Zielländern in allen Weltteilen der einzige Sonder- und Ausnahmefall; schon die Äußerungen Ben Gurions aber deuteten die Möglichkeit an, das stillschweigend erlassene Tabu zu lockern und eines Tages ganz aufzuheben. Die Frage war nur, was bis dahin geschehen mußte. Mit dem Unrecht jedenfalls, das die spanischen Juden am Ende des 15. Jahrhunderts über sich ergehen lassen mußten, ließen sich die erst Jahre zurückliegenden Verbrechen im Herzen Europas nicht vergleichen.

Als er bei seinem Volk um moralische Unterstützung des Erneuerungsprozesses warb, der nach seiner Meinung in Deutschland begonnen hatte, sah Ben Gurion ähnliche Pflichten auch auf seiten der Deutschen. Diese müßten sich, mahnte er, kraft ihres Gewissens zu Hilfeleistungen an die jüdischen Verfolgten des Nazi-Regimes bereitfinden. Dabei dachte Ben Gurion an keinen in Geld abgewogenen Schadensausgleich für den Holocaust – ein Völkermord dieses in der Menschheitsgeschichte einmaligen Umfangs ließ sich nicht finanziell begleichen, der Holocaust war kein Versicherungsfall. Nicht einmal die Gesamthöhe des von den Nazis beschlagnahmten jüdischen Vermögens ließ sich damals annähernd beziffern, an Rückerstattungen irgendwelcher Art war nicht zu denken. An wen auch hätten die Zahlungen gehen sollen? Die meisten Enteigneten waren tot, überlebende Angehörige, sofern es welche gab, in alle Winde zerstreut. Wohl aber mußte denen rasch geholfen werden, die – oft mit schweren Schäden an Leib und Seele – die Hölle der Vernichtungslager überstanden hatten und den Aufbau einer neuen Existenz anstrebten.

Von der Notwendigkeit der Wiedergutmachung sprach, unabhängig von Ben Gurion, auch Konrad Adenauer, der deutsche Kanzler. Einmal nannte er sie sogar eine »heilige Pflicht«. Adenauer hatte früh erkannt, daß Deutschlands Wiederaufnahme in die Völkergemeinschaft langsam vonstatten gehen würde, und auch dies nur, wenn ihr angemessene Schritte zur Aussöhnung mit dem jüdischen Volk vorausgingen. Diese Schritte setzten freilich auf beiden Seiten die Bereitschaft zu direkten Kontakten voraus. Die Note der israelischen Regierung an die vier Siegermächte vom Frühjahr 1951, in der sie Reparationsansprüche an Deutschland geltend machte, war abschlägig beantwortet worden, die Sowjetunion überging sie mit völligem Schweigen. Als um so unumgänglicher erwies sich die Aufnahme von Gesprächen zwischen Vertretern Israels und der Bundesrepublik. Diese Vorverhandlungen, sorgfältig vorbereitet, fanden unter ebenso strikter Geheimhaltung statt wie das erste Zusammentreffen Adenauers mit dem Bevollmächtigten Israels, David Horowitz, im März 1951 in Paris.

Es waren ungemein schwierige, immer wieder unterbrochene, mitunter kurz vor dem Scheitern stehende Gespräche, die schließlich zur Unterzeichnung des sogenannten Wiedergutmachungsabkommens geführt haben. Am 10. September 1952 setzten Konrad Adenauer und der israelische Außenminister Moshe Sharett in Luxemburg ihre Namen unter das Vertragswerk. Selbst die Unterzeichnungszeremonie war nicht frei von Spannungen, und doch wurde mit dem Dokument, ohne daß die Vertragspartner diese Tragweite ahnen konnten, der Grundstein zu einer über den eigentlichen Zweck hinausreichenden Zusammenarbeit gelegt. Der Luxemburg-Vertrag schuf die Voraussetzungen für die Aufnahme von De-facto-Beziehungen zwischen der Bundesrepublik und dem jungen Staat Israel.

In Israel schlug die Nachricht von der Vertragsunterzeichnung wie eine Bombe ein. Die Bevölkerung reagierte mit äußerster, heute kaum mehr vorstellbarer Heftigkeit. Menschen weinten auf offener Straße, andere hielten ihr Entsetzen nur mühsam zurück. Allein die Tatsache, daß die Regierung sich in Geheimverhandlungen mit den Deutschen eingelassen hatte, riß alte Wunden wieder auf. Ben Gurions Versuch, das Abkommen im israelischen Parlament durchzusetzen, löste lautstarke Tumulte aus, eine aufgebrachte Menge bewarf das Knesset-Gebäude in Jerusalem mit Steinen. Mit der ihm eigenen Überzeugungskraft und der Möglichkeit, Druck auf seine Fraktion auszuüben, gelang es dem Regierungschef schließlich, eine knappe Mehrheit der Abgeordneten für das Abkommen zu gewinnen, die Verbitterung im Volk aber hielt noch lange an.

Adenauer hatte bei der Ratifizierung des Vertrags durch den Bundestag einen leichteren Stand. Aber auch hier kam es schon im Vorfeld zu Kontroversen, zur Mißbilligung der Verhandlungsführung, gelegentlich auch zu unkontrollierten Gefühlsausbrüchen. Kritisiert wurde vor allem der Umfang der Verpflichtungen, die die Bundesrepublik gegenüber Israel eingehen wollte. Meinungsumfragen zufolge waren damals ohnehin nur vierzehn Prozent der westdeutschen Bevölkerung zu irgendwelchen Gesten an die Adresse Israels – nicht unbedingt Wiedergutmachungszahlungen – bereit. Am Ende war es der SPD-Opposition zu danken, daß das Abkommen im März 1953 im Bundestag verabschiedet werden konnte.

Zu behaupten, Israel habe sich damals in einer wirtschaftlich schwierigen Lage befunden, wäre untertrieben. Das kleine, von hochgerüsteten Feinden umlagerte Land war allein schon, um sich im Ernstfall militärisch verteidigen zu können, dringend auf Finanzhilfen angewiesen. Der Kauf von Rüstungsmaterial erforderte Millionen. Ausländische Investitionen waren nötig, um die erst schwach entwickelte Volkswirtschaft in Gang zu bringen, die Infrastruktur des Landes zu verbessern und wichtige Industrieprojekte zu relisieren. Doch statt Hilfe zu leisten, antwortete das Ausland mit Boykott. Aus Rücksicht auf die arabischen Länder verhängten selbst die Vereinigten Staaten ein Embargo, das Israels Überlebenschancen drastisch verringerte, während gleichzeitig Scharen von Flüchtlingen und Vertriebenen ins Land drängten. Sie alle, hauptsächlich Juden aus der islamischen Welt, wollten untergebracht, mit Arbeitsplätzen versorgt sein. In dieser prekären Situation kamen die im Luxemburg-Vertrag vereinbarten Leistungen Deutschlands für den Aufbau der israelischen Wirtschaft gerade recht.

Daß die Bundesrepublik sich keineswegs ausschließlich zu Barzahlungen an Israel verpflichtete, ist wenig bekannt. Schiffe, Lokomotiven, Werkzeug- und andere Maschinen bildeten den Grundstock von Warenlieferungen aller Art, die sich über zwölf Jahre erstreckten. Ihr damaliger Gesamtwert lag bei etwa 3,4 Milliarden Mark. Daneben liefen Entschädigungszahlungen an überlebende Opfer des Nazi-Regimes.

Die Vereinbarungen über Güter- und Warenlieferungen lagen in beiderseitigem Interesse. Israel versprach sich davon – wie sich zeigte, zu Recht – eine Stärkung seines wirtschaftlichen Potentials, während die deutsche Industrie in den Aufträgen einen weiteren Ansporn für ihre sich im Zeichen des »Wirtschaftswunders« erneuernde Leistungskraft sah. Aus der Erfüllung des Wiedergutmachungsabkommens ergab sich zwischen beiden Ländern allmählich eine immer vertrauensvollere Zusammenarbeit. Der Handelsverkehr in beide Richtungen florierte, und Israel vergab seine Aufträge vorzugsweise auch dann an deutsche Unternehmen, als der Luxemburg-Vertrag ausgelaufen war. So sind es bis heute deutsche Werften, keine in Korea oder Japan, die Schiffe für israelische Reedereien bauen. Das Handelsdefizit zugunsten der Bundesrepublik ist allerdings beträchtlich: Gegenwärtig bezieht Israel pro Jahr Waren im Wert von rund fünf Milliarden Mark, während der Wert seiner Exporte in die Gegenrichtung jährlich nicht einmal die Hälfte beträgt, nämlich etwa zwei Milliarden Mark.

Es vergingen Jahre, bis sich die israelische Bevölkerung mit dem Gedanken an Sachleistungen aus Deutschland unter dem Rubrum »Wiedergutmachung« abfand. Im Hebräischen gibt es keinen entsprechenden Begriff. Viele Israelis stellten sich deshalb zunächst vor, der entsprechende Vertrag regele die wirkliche oder zumindest symbolische Rückgabe von geraubtem jüdischem Eigentum. Die Frage, ob das überhaupt möglich sei, fand man in Zusagen der eigenen Regierung beantwortet. Diese hatte sich nämlich im Gegenzug zu den Leistungen der Bundesrepublik ebenfalls zu einer Art Wiedergutmachung verpflichtet: Sie entschädigte ihren Vertragspartner für den Verlust deutscher Konsulatsliegenschaften in Haifa, Jaffa und Jerusalem, die während des Krieges von den Briten beschlagnahmt worden und 1948 automatisch in den Besitz des jüdischen Staats übergegangen waren. Auch Immobilien, die der katholischen Kirche gehört hatten, fielen unter die Entschädigung. Die Vergütungssumme betrug damals immerhin 54 Millionen Mark.

Spätestens mit den ersten Lieferungen deutscher Industrieprodukte nach Israel stellte sich die Frage nach ihrer optimalen Verwendung. Wer sollte außerdem die Maschinen aufstellen, bedienen und warten, gegebenenfalls auch reparieren? Der Inbetriebnahme fehlte die technisch sachkundige Anleitung. Die Absicht, Experten nach Deutschland zu schicken oder Fachkräfte von dort nach Israel kommen zu lassen, traf auf wechselnden Widerstand, genauer auf Furcht, Vorurteile, verborgene Berührungsängste. Trotzdem ließen sich solche persönlichen Kontakte nicht vermeiden, jedenfalls nicht über einen längeren Zeitraum. Die Beziehungen, die sich daraus entwickelten, reichten bald über die nötige technische Kooperation hinaus. Mehr und mehr wurden sie zum Gradmesser der Veränderungen des Klimas zwischen Israel und der Bundesrepublik, hoffnungsvolle Zeichen jenes sich allmählich vollziehenden Wandels, der auch auf anderen Ebenen im Verhältnis beider Staaten zum Ausdruck kam. Vorläufiger Höhepunkt dieses Prozesses war das erste Treffen Konrad Adenauers mit David Ben Gurion 1960 in New York.

Ließ sich von diesem Zeitpunkt an schon von halbwegs normalen Beziehungen zwischen Deutschland und Israel sprechen? Die gegenseitige Wertschätzung der beiden ehrwürdigen Staatsmänner, die oft freundschaftlichen Kontakte zwischen israelischen und deutschen Technikern oder Wirtschaftsexperten, die Lockerungen im Reiseverkehr, der Abschluß von Kreditabkommen und die sich anbahnende Kooperation auf wissenschaftlichem Gebiet – alles dies war, so positiv es sich ausnahm, noch weit entfernt von spannungsloser Normalität, die – mit Vorbehalten und Einschränkungen – der internationale Maßstab für die Art ist, in der demokratisch regierte Völker miteinander umgehen.

1962 meldete sich in den deutsch-israelischen Beziehungen die Vergangenheit zurück. Die Nachricht von der Mitarbeit deutscher Wissenschaftler an der Entwicklung ägyptischer Raketen löste in Israel weithin Empörung aus, während sich die Bundesrepublik eifrig um ein rasches Ende des Skandals bemühte, vorerst erfolglos. Erst drei Jahre später gaben die hochbezahlten Spezialisten ihre buchstäblich brisante Tätigkeit auf und kehrten in die Bundesrepublik zurück, da aber war bereits viel politisches Porzellan zerschlagen.

Ob dieser Störfall vermeidbar gewesen wäre oder nicht, er sorgte für Unruhe und Irritationen, zumal er zeitlich mit dem Prozeß gegen Adolf Eichmann zusammenfiel, der Ende 1961 in Jerusalem eröffnet worden war. Noch einmal wurde die planmäßige Perfektion enthüllt, mit der die Nazis die Ausrottung der europäischen Juden betrieben hatten. In Israel aber unterschied man jetzt ziemlich genau zwischen der Schuld der Haupttäter und ihrer Helfer und dem Versöhnungswillen eines inzwischen mehrheitlich geläuterten deutschen Volkes. Die anfänglichen Befürchtungen der Bundesregierung, der weltweit beachtete Eichmann-Prozeß könnte der alten These von der deutschen Kollektivschuld neuen Auftrieb geben, haben sich nicht erfüllt. Die israelischen Medien berichteten sachlich und fair. Deutschen Beobachtern und Korrespondenten, die den Prozeßverlauf verfolgten, wurde seitens der Behörden jede nur erdenkliche Hilfe zuteil.

Einen lange nicht unumstrittenen Abschnitt der deutsch-israelischen Beziehungen bilden die bereits in den fünfziger Jahren einsetzenden militärischen und verteidigungspolitischen Kontakte. Gerüchte über geheime Waffenkäufe Israels in der Bundesrepublik tauchten von Zeit zu Zeit in der Presse auf, noch bevor Verteidigungsminister Franz Josef Strauß und Shimon Peres ein riskantes Gegengeschäft vereinbarten: Strauß bestellte israelische Uzi-Maschinenpistolen für die Waffenkammern der Bundeswehr. Natürlich wußte man auf beiden Seiten, daß die Aufdeckung der engen rüstungstechnischen Zusammenarbeit nur eine Frage der Zeit sein würde. Die Enthüllung erfolgte in Etappen. Ende 1964 kam unwiderlegbar ans Licht, was jahrelang in Israel wie in Deutschland als Staatsgeheimnis gehütet worden war.

Daß die arabischen Staaten die Situation für sich nutzten und Druck auf die Bonner Regierung ausübten, ließ den Gedanken an die Aufnahme normaler diplomatischer Beziehungen zu Israel als völlig illusorisch erscheinen. Die Bundesrepublik sah sich einerseits zur Einhaltung der Lieferverträge verpflichtet, die sie mit Israel abgeschlossen hatte, andererseits drohten die Araber mit der offiziellen Anerkennung der DDR. Ein solcher Schritt hätte die Hallstein-Doktrin zu Fall gebracht, die seit 1955 der Theorie von der Existenz zweier Staaten als Rechtsnachfolger des Dritten Reiches entgegenwirkte. Überdies hätte er andere Länder ermuntern können, es den Arabern gleichzutun.

Politische Interessen der Bundesrepublik standen ebenso auf dem Spiel wie ihre wirtschaftlichen Beziehungen sowohl zu Israel als auch zu anderen Staaten im Nahen Osten. Im Februar 1965 beschloß die Regierung unter Ludwig Erhard, die Waffenlieferungen an Israel einzustellen. Der erhoffte Erfolg in der arabischen Welt blieb aus; den ägyptischen Präsidenten Gamal Abd el Nasser jedenfalls beeindruckte der Ausfuhrstopp so wenig, daß er den DDR-Staatsratsvorsitzenden Walter Ulbricht zu einem offiziellen Besuch in Kairo empfing. Unabhängig von dieser faktischen Anerkennung des ostdeutschen Regimes blieb die

Drohung der arabischen Staaten bestehen, im Falle der diplomatischen Anerkennung Israels durch die Bundesrepublik ebenfalls die DDR anzuerkennen. Mit der sich anbahnenden Durchlöcherung der Hallstein-Doktrin vor Augen, mußte die Regierung Erhard erkennen, daß sie die möglichen Folgen ihres Beschlusses falsch eingeschätzt hatte. Das galt insbesondere auch für die Reaktionen in Israel.

Hier empfand man die in Bonn getroffene Entscheidung, die Militärhilfe einzustellen, als Kapitulation vor den Druckmitteln der arabischen Welt. Enttäuschung und Zweifel an der Glaubwürdigkeit der Bundesrepublik machten sich breit, der Vorwurf des Vertragsbruchs war nicht von der Hand zu weisen. Da nutzte es wenig, daß Ludwig Erhard in mehr vager als klarer Erkenntnis der Tragweite seiner Nahost-Politik im März 1965 Israel die Aufnahme diplomatischer Beziehungen anbot. Was wie ein Befreiungsschlag wirkte, war in Wirklichkeit das Resultat des Widerstreits von Meinungen politischer Freunde und Ratgeber Erhards, auch des eigenen abwartenden Zögerns und einer gewissen Neigung zur Wechselhaftigkeit. Ursprünglich nämlich wollte der deutsche Kanzler Israel eine provisorische Zwischenlösung anbieten, einen Kompromiß auf Zeit: keine diplomatischen Beziehungen, keine gegenseitige Anerkennung, sondern die Einrichtung von Konsulaten. Kurt Birrenbach, Erhards Abgesandter, war bereits auf dem Flug nach Israel, als Erhard ohne Rücksprache mit seinem Außenminister oder anderen engen Mitarbeitern sich eines besseren besann. Überraschend ließ er die Meldung verbreiten, die Bundesrepublik biete dem Staat Israel die Aufnahme voller diplomatischer Beziehungen an.

Birrenbach, der von allem nichts ahnte, hatte bei der Ankunft in Israel alle Mühe, sich auf die neue Situation umzustellen. Wohl oder übel mußte er sich mit dem Informationsvorsprung der Delegation des israelischen Außenministeriums abfinden, die ihn am Flughafen empfing. Der Wissensstand der Israelis war nicht nur aktueller, sie erfaßten sofort auch die heitere Seite der Lage.

Birrenbachs anfängliche Verwirrung tat jedoch dem Ernst der Gespräche, die am nächsten Tag begannen, keinen Abbruch.

Ähnlich wie beim Abschluß des Wiedergutmachungsabkommens blieben die Erwartungen der israelischen Regierung hinter der Reaktion der Bevölkerung zurück. Die Mehrheit der Israelis stand dem Vorhaben, diplomatische Beziehungen mit Deutschland aufzunehmen, deutlich ablehnend gegenüber. Es gab Proteste, und wieder einmal verdrängten Emotionen den erhofften Willen zu politischer Vernunft. Auch in der Knesset kam es zu heftigen Auseinandersetzungen. Als es zur Abstimmung kam, machten selbst Abgeordnete, die den Austausch von Botschaftern zwischem ihrem Staat und der Bundesrepublik befürworteten, keinen Hehl aus dem Zwiespalt ihrer Gefühle. Welcher Deutsche würde sein Land im jüdischen Staat repräsentieren? Natürlich wünschte man sich, wenn es denn schon nicht anders ging, einen Mann mit untadeliger Vergangenheit, möglichst einen ehemaligen Widerstandskämpfer. Auch ein Universitätsprofessor kam in Betracht. Ideal jedoch, schrieb damals eine Tageszeitung, wäre jemand, der das eine wie andere war: ein Professor, der sich im Dritten Reich als Nazi-Gegner hervorgetan hatte.

Im August 1965 trat tatsächlich der erste Botschafter der Bundesrepublik sein Amt in Israel an. Seine Biographie erfüllte kaum eine der Erwartungen, die viele Israelis mit der Person des ranghöchsten deutschen Repräsentanten in einem Gastland wie dem ihren verknüpften. Rolf Pauls, ein ehemaliger Major der Wehrmacht, Träger des Ritterkreuzes, hatte im Krieg einen Arm für den »Führer« verloren und danach unter Franz von Papen als stellvertretender Militärattaché an der deutschen Botschaft in Istanbul gearbeitet. Warum hatte man ausgerechnet ihn für den heiklen Posten in Israel ausgewählt?

In der Bundesrepublik wiederum gab es Zweifel, ob die Regierung in Jerusalem mit der Ernennung ihres Botschafters eine kluge Entscheidung getroffen hatte. Asher Ben Natan, bis dahin Staatssekretär im Verteidigungsministerium, mußte zumindest bei den Arabern den Verdacht wecken, unter dem Schutz seiner Immunität die abgebrochene deutsch-israelische Zusammenarbeit auf militärischem Gebiet wiederbeleben zu wollen. Bonn sah mit der Anerkennung Israels ohnehin die Erfolge seiner Beschwichtigungspolitik in der arabischen Welt gefährdet. Die Akkreditierung eines erfahrenen israelischen Verteidigungsexperten als Botschafter, so fürchtete man, werde wie eine zusätzliche Provokation wirken. Schließlich aber einigten sich beide Regierungen darauf, es jeweils bei dem eigenen Kandidaten zu belassen. Rolf Pauls überreichte sein Beglaubigungsschreiben in Jerusalem, Asher Ben Natan wurde Israels erster Botschafter in Bonn.

Niemand, in Deutschland nicht und erst recht nicht in Israel, war so naiv anzunehmen, mit dem Austausch von Botschaftern seien die letzten Hindernisse auf dem Weg zu einer erfolgreichen Zusammenarbeit beider Staaten fortgeräumt. Die Probleme nahmen lediglich handgreiflichere Gestalt an. Schon die wütenden Tumulte, die Rolf Pauls' Akkreditierung in Jerusalem begleiteten, die Steine und Flaschen, die gegen seinen Wagen flogen (in Wirklichkeit handelte es sich um ein Dienstfahrzeug des israelischen Präsidenten), waren Hinweise auf die Fülle und den Schwierigkeitsgrad der Aufgaben, die es möglichst vereint zu bewältigen galt.

Den beiden diplomatischen Missionen fiel dabei gewiß nicht die Hauptrolle zu, wohl aber eine wichtige Schlüsselfunktion. Rolf Pauls verstand es mit großem Geschick und Einfühlungsvermögen, die feindselige Stimmung, die ihm 1965 entgegengeschlagen war, im Laufe seiner Amtszeit in Sympathien zu verwandeln. Er war der Mann, von dem man später sagte, er sei mit Steinen empfangen und mit Rosen verabschiedet worden.

Das Geheimnis seines Erfolgs lag in der ebenso zielbewußten wie zwanglosen, unprätentiösen Art, in der er seinen Dienst für Deutschland versah. Darin glich er dem israelischen Kollegen in Bonn, mit dem er ständig in engem Kontakt stand, vor allem, wenn es um die Gründung von Städtepartnerschaften, um Jugendaustausch oder die Zusammenarbeit beider Länder in bestimmten Bereichen der Forschung ging. Pauls wie Ben Natan faßten das Herstellen zwischenmenschlicher Beziehungen als einen zumindest ebenso wichtigen Aspekt ihrer Mission auf wie die Vorbereitung und den Abschluß irgendwelcher Verträge. Beiden gelang es, Brücken zwischen dem deutschen und dem israelischen Volk zu schlagen.

Das geschah fast unmerklich und meist völlig unspektakulär und schloß gelegentliche Rückschläge nicht aus. So ging einmal eine Veranstaltung in der Aula der Hebräischen Universität in Jerusalem mit Günter Grass, auf der der Schriftsteller aus seinem »Tagebuch einer Schnecke« lesen sollte, kaum daß sie begonnen hatte, in lauten Protestrufen unter. Dabei war es eigentlich nicht Grass, über den sich das Publikum erregte. Die wirkliche Zielscheibe des Mißfallens bildeten paradoxerweise die sich damals verstärkenden Bemühungen um kulturelle Kontakte mit Deutschland. Politische und wirtschaftliche Beziehungen nahm man als offenbar unvermeidlich hin, gegen deutsche Künstler jedoch, wenn sie in offizieller Mission auftraten, formierte sich eine oft von dunklen Erinnerungen gelenkte Abwehrfront.

Ablehnung, Mißtrauen und Vorbehalte gegenüber vielem, was aus Deutschland kam, ob Volkswagen, Haushaltsgeräte oder zeitgenössische Kunst, verflüchtigten sich nur allmählich, ohne sogleich einer wirklichkeitsnäheren Einschätzung Platz zu machen. Aber mit Genugtuung, auch mit Erstaunen wurden 1967 die spontanen Solidaritätsbekundungen registriert, mit denen Teile der westdeutschen Bevölkerung auf die Erfolge Israels im Sechstagekrieg reagierten. Die Deutsch-Israelische Gesellschaft, die Aktion Sühnezeichen, die Gesellschaft für christlich-jüdische Zusammenarbeit, die Bundeszentrale für politische Bildung mitsamt ihren Außenstellen und eine ganze Reihe ähnlicher Organisationen bewiesen durch ihre Arbeit, daß vor allem junge Deutsche mit der Aufarbeitung der Erblast des Dritten Reiches begonnen hatten. Der kritische Besinnungsprozeß, der augenscheinlich in Gang gekommen war, drang auf rückhaltlose Aufklärung, die Zeit der Ausflüchte und des Verdrängens war vorbei. In den Medien, in den Unterrichtsplänen der Schulen, in Programmen zahlloser öffentlicher Veranstaltungen nahmen Themen der jüngsten deutschen Geschichte einen zunehmend größeren Platz ein.

Starke Beachtung hat in Israel die deutsche Studentenbewegung von 1968 gefunden. Obwohl in manchen ihrer Forderungen alles andere als israelfreundlich – die Studenten hatten die Palästinenser als »underdogs« entdeckt und bezichtigten den Judenstaat der Aggression –, beeindruckte sie doch durch die Direktheit der Fragen an die Vätergeneration: Was habt ihr während des Krieges gemacht, was wußtet ihr von den Nazi-Verbrechen, was tatet ihr, sie zu verhindern? Wer sich von den anti-israelischen Untertönen nicht irritieren ließ, fand an der kritischen Grundhaltung dieser jungen Menschen Gefallen. Mehr als deren einseitige Parteinahme für die Palästinenser interessierten die Israelis die gesellschaftlichen Veränderungen, die sich im Gefolge der Protestbewegung ankündigten. Zu den neuen Zügen, die das gewohnte Deutschlandbild trug, gehörten allerdings auch die Wahlerfolge einer als rechtsradikal eingestuften Partei. Wies dieser Stimmenzuwachs, auch wenn er nur bei Landtagswahlen erzielt wurde, auf das Entstehen eines neuen Nationalismus hin?

Die Frage ließ die Weichen außer acht, die 1958 mit der Unterzeichnung der Römischen Verträge gestellt worden waren. Die Signale wiesen auf ein vereinigtes Europa, in das Deutschland voll eingebunden sein würde. Auch die Aussöhnung mit Frankreich, von Adenauer und Charles de Gaulle intensiv betrieben, würde kein Wiederaufleben nationalistischer Ideen zulassen. Bilder, die den deutschen Kanzler in vertraulichen Gesprächen mit de Gaulle zeigten, kamen aus israelischer Sicht einer kaum für möglich gehaltenen Sensation gleich – zwei Staatsmänner als Garanten dafür, daß die Erzfeindschaft zwischen ihren Völkern begraben war. Mehr und mehr begriffen die Menschen in Israel, daß nicht nur ein neues Deutschland im Entstehen war, sondern auch ein neues Europa.

Geschäftsreisende, Touristen und Jugendgruppen, wenn sie die Gelegenheit dazu suchten, konnten sich vom Wandel direkt überzeugen. Juden, die Deutschland von früher kannten, fiel es indessen meist schwer, die Bilder ihrer Erinnerungen mit der vorgefundenen Wirklichkeit in Einklang zu bringen. Das traf vor allem auf die Ältesten unter ihnen zu, auf Emigranten, auf ehemalige Verschleppte und andere Leidenszeugen aus den dunkelsten Jahren der Nazi-Herrschaft, Menschen, von denen viele sich einmal geschworen hatten, nie wieder deutschen Boden zu betreten. Zu denen, die sich am entschiedensten von ihrer Heimat abgekehrt hatten, gehörte meine aus Frankfurt am Main stammende Mutter.

Ihr Schicksal steht für viele. Noch vor der Machtergreifung Hitlers war sie allein nach Palästina gekommen und hatte dort geheiratet. Die Eltern und alle übrigen Angehörigen in Deutschland verlor sie durch den Holocaust. Das einzige, das ihr blieb, war die Sprache, mit der sie aufgewachsen war, und eben jenes Trauma des Verlusts der gesamten Familie, das sie Deutschland von da an wie ein ungeheuerliches Phantom erscheinen ließ. Die Einladung zum Besuch ihrer Heimatstadt, die ihr 1980 der Frankfurter Oberbürgermeister schickte, eine gutgemeinte Geste, empfand sie fast als Drohung, auf jeden Fall verletzte sie ihr Ehrgefühl. Mein Vater war es dann, der sie gegen ihren Widerstand zum Antritt der Reise überredete, wobei er, der mit ihr fuhr, hoch und heilig versichern mußte, den Aufenthalt in Deutschland auf maximal zwölf Stunden zu begrenzen; übernachten, erklärte meine Mutter, werde sie dort auf keinen Fall. Doch der Vorsatz ging nicht auf: Aus zwölf Stunden wurden zwei Wochen, und von da an verbrachte meine Mutter regelmäßig jedes Jahr Ferien in dem Land, von dem sie nichts mehr hatte hören, sehen, wissen wollen. Die direkte Begegnung mit Menschen, mit Deutschen, die hier lebten, hatte Wunder gewirkt.

Lebendige Kontakte von einem Volk zum anderen kann man nicht organisieren. Sie knüpfen sich von selbst, wenn die dazu nötigen Voraussetzungen geschaffen sind. Schon lange fehlt jener Vermerk in den israelischen Pässen, der ihren Inhabern unbegrenzt Reisen in alle Länder der Welt erlaubte – »mit Ausnahme Deutschlands«.

Konrad Adenauer hatte sich drei Jahre vorher von seinem Amt verabschiedet, als er 1966 nach Israel kam. Die Reise galt nicht zuletzt dem Wiedersehen mit Ben Gurion, dem inzwischen ebenfalls aus der aktiven Politik ausgeschiedenen Freund. Der erste amtierende deutsche Bundeskanzler, der in Israel zu einem Staatsbesuch empfangen wurde, war Willy Brandt. Sein Treffen mit der damaligen Ministerpräsidentin Golda Meir, 1973, beendete die Krise, die ein Jahr vorher zwischen beiden Staaten im Zusammenhang mit der Freilassung arabischer Terroristen in Deutschland entstanden war. Die am Münchner Olympia-Attentat beteiligten Araber waren nach der Entführung einer Lufthansa-Maschine von der Bundesrepublik freigepreßt worden. Dem Vorwurf allzu großer Nachgiebigkeit begegnete die Regierung in Bonn mit dem Hinweis auf die Flugpassagiere, deren Leben bei der spektakulären Aktion auf dem Spiel gestanden habe, jeder andere Rettungsversuch sei aussichtslos erschienen.

Brandt hat damals das zwischenstaatliche Verhältnis Israels und der Bundesrepublik zu definieren versucht. Seine Formel von den »normalen Beziehungen mit besonderem Charakter« ist später so oder ähnlich immer wieder in Äußerungen deutscher Politiker aufgetaucht, bei den unterschiedlichsten Gelegenheiten und meist mit der stillschweigenden Unterstellung, jeder wisse, was normal und was das Besondere am deutsch-israelischen Verhältnis sei.

Normalität in der Politik ist, wie schon erwähnt, eine relative Größe. Wer sie in den Beziehungen sucht, die zwei Staaten miteinander unterhalten, wird feststellen müssen, daß sie sich fortwährend ändert, oft sogar sehr raschen Wechseln unterworfen und auch anfällig ist für Störungen, deren Ursachen außerhalb der Einflußmöglichkeiten der betreffenden Staaten liegen. Insofern sind selbst plötzliche Krisen in Beziehungen, die über längere Zeit hin reibungslos verlaufen sind, durchaus als normal anzusehen.

Was den »besonderen Charakter« betrifft, den Willy Brandt am deutsch-israelischen Verhältnis hervorhob, so rührte er damit tatsächlich an ein Phänomen, zu dem es im internationalen Vergleich sonst nirgendwo einen Parallelfall gibt. Am besten verdeutlichen läßt es sich vielleicht an einem Beispiel aus der Zeit des Golfkriegs, 1991. Als in Israel bekannt wurde, daß deutsche Unternehmen bei der Entwicklung von Raketen und chemischen Waffen des Irak mitgewirkt hatten, richtete sich der Zorn der Bevölkerung ungleich heftiger gegen die Bundesrepublik als gegen Länder wie Frankreich, Großbritannien oder Italien, obwohl erwiesen war, daß auch sie Saddam Hussein zu wichtigen Bausteinen moderner Kampfmittel verhalfen. Alle Welt wußte, daß Husseins Vernichtungswille sich ausdrücklich auf Israel erstreckte. Das rückte seine deutschen Helfer sofort in ein schärferes Licht als die in anderen westlichen Ländern. Unversehens waren wieder alte, unheilvolle Erinnerungen wach geworden.

Es ist also diese tief im israelischen Volk verwurzelte Sensibilität, eine Folge bestimmter geschichtlicher Erfahrungen, die den »besonderen Charakter« des Verhältnisses zu Deutschland bestimmt. Eine Wunde, die zwar vernarbt, aber noch immer hochgradig reizempfindlich ist, aus Gründen, die jeder kennt, ohne sich ihrer ständig bewußt zu sein. Einen »Schlußstrich« unter die Vergangenheit zu ziehen, wie sich das mancher in Deutschland wünscht, wäre letztlich nur ein Akt willkürlicher Selbsttäuschung. Geschichte läßt sich nicht einfach aus dem Gedächtnis streichen.

Das ändert nichts daran, daß nach den USA Deutschland im Verlauf der jetzt länger als dreißig Jahre bestehenden diplomatischen Beziehungen der wichtigste Freund und Partner Israels geworden ist. Mit keinem anderen Land arbeitet Israel so eng zusammen wie mit der Bundesrepublik; auf dem Gebiet der Wissenschaft und Forschung ist die Kooperation sogar noch intensiver als die mit den Vereinigten Staaten. Das gleiche trifft auf den Jugendaustausch zu und auf die regen kommunalen Beziehungen im Rahmen der zahlreichen Städtepartnerschaften. Die sichtbaren Erfolge dieser Entwicklung berechtigen nicht nur zur Zufriedenheit, die positive Bilanz stimmt an der Schwelle zu einem neuen Jahrhundert auch zuversichtlich.

Die Geschichte zieht ihre Schlußstriche selbst, unabhängig vom Willen der Menschen. Sie läßt Entwicklungen zu und schließt sie auch selbsttätig ab. Im Jahr 1492 endete nicht nur die Reconquista, es war auch das Jahr der Vertreibung der Juden aus Spanien, und Christoph Kolumbus unternahm seine erste Entdeckungsreise nach Amerika. Daß damals, vor fünfhundert Jahren, auch das Mittelalter zu Ende ging, war den Menschen nicht bewußt, darüber haben erst spätere Jahrhunderte befunden. Wir müssen uns also damit bescheiden, nicht selbst über die Länge einer Epoche bestimmen zu können, gleich, wie wir zu ihr stehen. Das einzige, was wir tun können, ist, geduldig Verständnis füreinander aufzubringen und gemeinsam aus der Vergangenheit zu lernen.

Herausforderung an Europa

Im Dezember 1994 hat der Europäische Rat, als er unter deutscher Präsidentschaft in Essen tagte, einen bedeutsamen Beschluß gefaßt. Der Gipfel der europäischen Staats- und Regierungschefs kam einstimmig überein, dem Staat Israel in seinem Verhältnis zur Europäischen Union einen »privilegierten Status« zuzuerkennen.

Um welche Privilegien in der Neuordnung der Beziehungen zur EU es sich im einzelnen handeln sollte, welche Bedeutung und Tragweite die Verleihung des Sonderstatus an Israel für beide Seiten haben, welche Rechte und Pflichten sich aus ihm ergeben würden und welche Schritte notwendig wären, um den Beschluß umzusetzen und ihn gewissermaßen mit Leben zu erfüllen – alles dies blieb vorerst unklar. Fest stand zunächst nur, daß die Entscheidung zugunsten Israels ohne die sorgfältige Vorbereitung und das beharrliche Bemühen seitens der deutschen Konferenzteilnehmer wohl kaum zustande gekommen wäre, jedenfalls nicht zu diesem Zeitpunkt. Bis dahin hatte nur die Schweiz von einem ihr gleichfalls zugesprochenen privilegierten Status profitieren können.

Die Beziehungen zwischen Israel und der Europäischen Union nahmen festere Konturen mit dem Vertrag an, der ein Jahr später, 1995, von Vertretern beider Seiten unterzeichnet wurde. Lang erwartet und fast schon überfällig, handelte es sich um die Erneuerung und Ergänzung des Freihandelszone-Abkommens von 1975. Für Israel, aber auch für die EU stellte die aktualisierte Fassung der alten Vereinbarungen einen echten Fortschritt dar. Zum ersten Mal nämlich seit Bestehen der Union verband diese sich auf dem Gebiet der wissenschaftlichen Forschung und Zusammenarbeit mit einem Staat, der weder EU-Mitglied war noch zu Europa gehörte. Israel wurde durch den Vertrag in die Gemeinschaft der EU fast wie ein Mitgliedstaat einbezogen.

Dennoch gab es, wie gesagt, eine Reihe von Fragen zu klären, auch in Israel. Ich brauchte mehr als zehn Monate, bis ich dem deutschen Bundeskanzler die Vorstellungen der israelischen Regierung bezüglich des 1994 zugesagten privilegierten Status ausführlich darlegen und erläutern konnte. Voraufgegangen waren intensive Verhandlungen mit der Jerusalemer Regierung. Dabei wurde deutlich, daß Israel, so sehr es die Zuerkennung eines Sonderstatus begrüßte, eigentlich mehr anstrebte, als der Vertrag von 1975 und das ergänzende Abkommen aus dem Jahr 1995 besagten.

Ein Vertrag gilt gewöhnlich solange, wie beide Parteien daran interessiert sind. Jeder Übereinkunft, auch wenn sie in bester Absicht und für längere Zeit geschlossen ist, haftet etwas Vorläufiges, Vorübergehendes an. Israel wünschte keine nur in Vertragstexten fixierten Vereinbarungen; es wollte fest in der EU verankert sein, in einer institutionalisierten Art und Weise und möglichst unabhängig von konjunkturellen Interessen.

Daran, daß eine derart enge Verbundenheit Konzessionen von beiden Partnern erfordert, besteht kein Zweifel. Im Falle Israels würden sie nicht nur den Umbau wirtschaftlicher Strukturen bedeuten, sondern auch eine Reihe von Gesetzesänderungen. Das eine wie das andere ist abhängig von politischen Kräfteverhältnissen und der Zustimmung einer parlamentarischen Mehrheit: Was nützt dem Überzeugten der stärkste Wille, wenn er nicht die Macht hat durchzusetzen, was er für richtig hält? Das etwa war der Grund meiner langen Verhandlungen mit den Regierungsbehörden in Jerusalem.

Am 1. November 1995 empfing mich Ministerpräsident Jitzhak Rabin. Am folgenden Tag fand eine Konferenz unter Vorsitz von Außenminister Shimon Peres statt, an der ranghohe Führungskräfte der israelischen Wirtschaft, der Finanzminister, die Präsidenten der Notenbank und des Industrieverbands sowie mehrere leitende Beamte teilnahmen. Am Schluß der Gespräche, in denen ich meine Ideen zur praktischen Ausgestaltung des privilegierten Status vortrug, erhielt ich grünes Licht, mich offiziell mit detaillierten Vorschlägen an die Bundesregierung zu wenden. Nach Bonn zurückgekehrt, machte ich mich sofort an den Entwurf eines Schreibens an Bundeskanzler Helmut Kohl. Stunden später traf die Nachricht von der Ermordung Jitzhak Rabins ein.

Nach Rabins Tod hat sich nicht nur die innenpolitische Situation in Israel geändert, im gesamten Nahen Osten trat eine tiefgreifende Wende ein. Nach wie vor aber ist es eines der vordringlichsten Ziele der israelischen Regierung, den Sonderstatus des Staates Israel im Sinne derer zu nutzen, die ihn seinerzeit verliehen und verkündet haben. Entsprechende Vorstellungen sind in dem Brief enthalten, den ich im November 1995 dem deutschen Kanzler zuleitete.

Das Schreiben nimmt, um Israels Interesse zu erklären, Bezug auf den europäischen Wirtschaftsraum, wie er von der EU ursprünglich für die ehemaligen Staaten der Freihandelsassoziation, der EFTA, geschaffen worden war, sozusagen als Brücke zum Eintritt in die Union. Praktisch erlaubte der gemeinsame Wirtschaftsraum den EFTA-Staaten, von den meisten Privilegien, die den Mitgliedsländern der Union zustanden, zu profitieren, ohne an deren Entscheidungen verantwortlich beteiligt zu sein. Bei der großzügigen Regelung konnte aufgrund der geographischen und geschichtlichen Bindungen von der Annahme ausgegangen werden, der Beitritt der EFTA-Staaten zur Union werde nur eine Frage der Zeit sein. Abgesehen von nur zwei Ausnahmen, der Schweiz und Norwegen, sind tatsächlich alle ehemals in der EFTA assoziierten Länder im Verlauf der neunziger Jahre Mitglieder der EU geworden.

Natürlich kann Israel kein EU-Mitgliedsstaat werden. Die Verfassung der Union schließt Länder, die außerhalb des europäischen Kontinents liegen, von der Aufnahme aus. Auch kann Israel sein Verhältnis zur EU nicht einfach dadurch definieren, daß es Anspruch auf Teilhabe an einem Wirtschaftsraum erhebt, wie er 1960 für die EFTA-Staaten eingerichtet wurde. Das alte Modell könnte allenfalls richtungsweisend wirken, kann nicht aber das mit einem Anschluß an die Union erstrebte letzte Ziel sein. Vorgetragen wurde statt dessen der Wunsch Israels, an den vier grundsätzlichen Freiheiten der EU-Mitgliedsstaaten partizipieren zu dürfen: der Freiheit des Verkehrs von Menschen, des Warenverkehrs, der Investitionen sowie sämtlicher Dienstleistungen innerhalb der Union.

Natürlich wird sich dieses Wunschziel nicht von heute auf morgen erreichen lassen; der Weg dorthin setzt politischen Willen auf beiden Seiten voraus. Immerhin ist Israel vorerst schon mit der EU durch ein umfassendes und neuen Entwicklungen angepaßtes Freihandelszone-Abkommen verbunden. Außerdem ist es Teil der Wissenschafts- und Forschungsgemeinschaft der Europäer. In beiden Bereichen sind in den letzten Jahren Fortschritte erzielt worden, die insgesamt auf noch engere und stärker erweiterte Formen der Zusammenarbeit hoffen lassen, gerade auch auf wirtschaftlichem Gebiet.

Schon das bisher Erreichte sehen die meisten Israelis keineswegs als selbstverständlich an.

Die weit verbreitete Ansicht, die Israelis seien ein kulturell stark europäisch geprägtes Volk, sie seien überhaupt »ursprünglich« Europäer, trifft nur bedingt zu, denn ein Großteil der israelischen Bevölkerung hat seine Wurzeln nicht in Europa, sondern in islamischen Ländern. Und gerade die Israelis europäischer Herkunft waren es, die sich zunächst am wenigsten eine Vertiefung der Beziehungen zwischen ihrem Staat und der Europäischen Union vorstellen konnten oder auch – eingedenk gewisser Erfahrungen – vorstellen wollten. So kam es, daß sich viele Israelis nach der Staatsgründung von Europa abwandten, insbesondere auch die von dort stammenden, die damals die große Mehrheit der Bevölkerung bildeten. Die Ursachen lagen teilweise weit zurück, teils bestanden sie aus jüngeren Einzelschicksalen oder wenigstens aus deren Kenntnis. Erinnerungen an positive Erfahrungen, die immerhin auch zur jüdischen Geschichte in Europa gehören, verblaßten, insgesamt überwog das Gefühl der Enttäuschung.

Nach dem Zweiten Weltkrieg, noch unter dem Schock des Holocaust, kehrten in Israel die alten Konflikte mit den Engländern zurück. Sie wirkten bedrückend, zumal sich herausstellte, daß die gemeinsame Gegnerschaft gegen Nazi-Deutschland nur kurzzeitig von den Ursachen der früheren Fehden abgelenkt hatte, ohne das gespannte Verhältnis zwischen der britischen Mandatsmacht und der jüdischen Bevölkerung Palästinas auch nur im entferntesten zu ändern. Sobald der Krieg vorbei war, brachen die Gegensätze wieder auf. Tatsächlich haben die Briten sich als stärkste Widersacher des entstehenden jüdischen Staates erwiesen, ganz offensichtlich vor allem in der Behinderung der Hilfe für überlebende KZ-Opfer. Selbst nach dem Abzug ihrer Truppen aus Palästina nahm die Regierung in London gegenüber Israel noch jahrelang eine betont zurückhaltende, wenn nicht feindselige Haltung ein.

Wenig ermutigend im Blick auf eine im Geist freundschaftlicher Verständigung gestaltete Zukunft hat sich auch das Verhältnis zu anderen europäischen Staaten entwickelt. Kurze Flitterwochen mit der Sowjetunion nach dem Zweiten Weltkrieg gingen alsbald in erbitterte Feindschaft über, und die anfangs erfreuliche Zusammenarbeit mit Frankreich erlitt 1967 einen Bruch, der lange fortwirkte. Auch er trug dazu bei, daß Israel sein Interesse an allem, was mit Europa zusammenhing, weitgehend verlor, sich enttäuscht von der Alten Welt ab- und vermehrt den Vereinigten Staaten zuwandte.

An diesem Prozeß, der sich über längere Zeit hinzog, war zweifellos auch das Geschichtsbild beteiligt, mit dem jedes israelische Schulkind aufwächst. Es ist, unter anderem, das Bild der sich über die zweitausend Jahre des Exils erstreckenden Geschichte des eigenen Volkes mit den immer wiederkehrenden Epochen der Erniedrigung und Vertreibung, die wiederum Teile der europäischen Geschichte sind. Der längste und qualvollste Leidensweg, den die Juden zurücklegten, führt durch Europa. Er beginnt nicht erst mit den Kreuzfahrern, die im 11. Jahrhundert aufbrachen, um das Heilige Land von den Moslems zu befreien und deren Haß auf »Ungläubige« so zügellos war, daß sie ihn unterwegs schon an Juden ausließen. Die ältesten jüdischen Gemeinden in Deutschland – Mainz, Speyer und Worms – verloren durch blindwütige Gemetzel Tausende ihrer Mitglieder. Gelegentlich versuchten Bischöfe und Kardinäle, dem Morden Einhalt zu gebieten und verfolgte Juden zu schützen, die gewöhnliche Priesterschaft dagegen hat die grausamen Ausschreitungen gegen Wehrlose eher noch geschürt.

Nicht sehr viel glimpflicher ist, was das Schicksal der hier ansässigen Juden angeht, die europäische Geschichte der folgenden Jahrhunderte verlaufen. Kaum hatten sich irgendwo mit Genehmigung der jeweiligen Städte und Landesherren jüdische Gemeinden gebildet, wurden sie wieder aufgelöst, ihre Angehörigen für rechtlos erklärt und ausgewiesen. Obwohl in ihrem Gastland total integriert, mußte gegen Ende des 15. Jahrhunderts die auf ihre Anerkennung stolze jüdische Gemeinschaft in Spanien die Heimat verlassen. Bleiben durfte nur, wer sich taufen ließ, der Übertritt zum Christentum aber bewahrte die Zurückgebliebenen keineswegs vor den Schrecken der Inquisition: Konvertiten machten sich der Glaubensunehrlichkeit verdächtig, des heimlichen Praktizierens ihrer früheren Religion.

In der Ukraine gilt Bogdan Chmelnizkij heute noch als Volksheld, weil er mit seinen Kosaken erfolgreich gegen Polen zu Felde zog und 1654 die Vereinigung seines Landes mit Rußland erreichte. Daß er auch als einer der berüchtigsten Judenverfolger in die Geschichte einging, hat Chmelnizkijs Ruhm jahrhundertelang kaum geschmälert. Dabei hatten die Juden, die zu Tausenden ermordet wurden, mit der Fehde zwischen den Polen und Ukrainern nicht das geringste zu tun, denn im Grunde ging es um einen Glaubenskampf zwischen der römisch-katholischen und der griechisch-orthodoxen Kirche. Der Haß, den auch die Polen auf die Juden ausweiteten, machte vor keinem Ghetto und keiner Synagoge halt.

Als zweihundert Jahre später der Ausbruch der Französischen Revolution Europa erschütterte, wirkte er auf die meisten Juden wie ein großer, gewaltiger Befreiungsschlag. Die Hoffnungen jedoch, die das Ereignis weckte, hielten der Wirklichkeit nicht lange stand. Die öffentlich verkündete Emanzipation scheiterte allzubald an der Hartnäckigkeit alter Vorurteile, eine neue judenfeindliche Front formierte sich, ein Rassismus namens Antisemitismus, der sich in den Gehirnen festsetzte und sie anfällig machte für absurde Ideen, die das traditionelle, religiös motivierte Feindbild ergänzten. In Osteuropa zumindest gehörten tätliche Judenverfolgungen weiterhin zum Alltag.

In unserem Jahrhundert dann der Holocaust, die größte, furchtbarste Tragödie in der Geschichte der Juden. Der millionenfache Mord wurde zwar von Deutschen initiiert und mit deutscher Gründlichkeit durchgeführt, er fand aber in allen von den Nazis besetzten Ländern erschreckend viele Mithelfer, die ihr Werk mit Leidenschaft betrieben.

Drei weniger schwerwiegende, über längere Zeit aber gleichfalls als typisch empfundene Schlüsselerfahrungen, die das Europabild der Israelis trübten, wurden schon genannt: die unselige Einwanderungspolitik der Engländer nach dem Zweiten Weltkrieg in Palästina, das Zerwürfnis mit der Sowjetunion und die Abkühlung der Beziehungen mit Frankreich. Im Rückblick wird man sich vor einer Überbewertung des einen oder anderen dieser Vorgänge und seiner Folgen hüten müssen, wie ja auch keineswegs nur negative Eindrücke aus früheren Jahrhunderten der jüdischen Diaspora in Europa ihre Spuren im kollektiven Gedächtnis der Israelis hinterlassen haben. Oberhand aber behielt letztlich doch das Wissen um die dunkelsten Perioden in der Leidensgeschichte der europäischen Juden – ein sich über Generationen fortsetzendes Trauma, das zur allmählichen Abkehr von Europa beitrug, während das Verhälnis zu den Vereinigten Staaten sich in gleichem Maß enger und freundschaftlicher gestaltete.

In den ersten Jahren nach der Staatsgründung Israels ließ sich dieses Verhältnis durchaus nicht so einträchtig an. Gelegentlich, wenn auch nicht offiziell, wurde Israel sogar von den USA boykottiert. Erst nach dem Sechstagekrieg, 1967, genau zu dem Zeitpunkt, als sich die Beziehungen zu Frankreich merklich abkühlten, setzte jene Vertiefung der Kontakte ein, die seither allen Belastungsproben standgehalten hat. Es sind auf politischer Ebene die bei weitem wichtigsten Kontakte, die Israel nach außen unterhält. Ihres besonderen Ranges ist sich denn auch jeder israelische Bürger bewußt, der sogenannte einfache Mann auf der Straße ebenso wie der Wissenschaftler, Techniker und Intellektuelle.

Israelische Hochschullehrer halten einen Aufenthalt in den USA für einen unverzichtbaren Markstein ihrer Karriere. Als ich nach meiner Wahl zum Vizepräsidenten der Hebräischen Universität in Jerusalem eine Namensliste jener Professoren erhielt, die damals, 1991, ein sogenanntes Sabbatjahr im Ausland verbrachten, stellte ich fest, daß es unter 130 Lehrkräften nur zwei gab, die es im Unterschied zu den übrigen 128 nicht nach Amerika gezogen hatte, und auch diese beiden hielten sich nicht in Europa auf, sondern sonstwo auf der Welt. Es mag Zufall gewesen sein, daß die Zahl derer, die sich für ein Jahr in die USA verabschiedet hatten, so extrem hoch lag; typisch für die Stimmung an den Hochschulen und die allgemeine Hinwendung zu Amerika aber war sie allemal. Dorthin richteten sich die Blicke aller, denen neben der eigenen Zukunft auch die ihres Landes am Herzen lag. Überall, in jedem Berufszweig, interessierte man sich fast nur noch für parallele Entwicklungen und deren Neuerungen in der weltstärksten Handels- und Industrienation.

Der Tourismus von Israel in Richtung Europa blieb davon weitgehend unberührt. Dafür sorgten wohl auch die im Vergleich zu den USA geringeren Entfernungen und die entsprechend niedrigen Reisekosten, aber es fiel auf, daß die Besucher aus Israel nur wenig Interesse für das wirkliche Europa zeigten, für den Alltag der Völker, für aktuelle politische Fragen und Meinungstrends. Eher schien es, als bewegten die Reisenden sich in einem Museum oder einem Kasino.

Die allzu einseitige Ausrichtung nach Amerika als dem vermeintlich einzigen Zentrum der Welt wurde weder den Realitäten in Israel noch den eigentlichen Interessen des jungen Staats gerecht. Wirkliche Bedürfnisse kamen zu kurz, und die Lösung künftiger Entwicklungsaufgaben konnte man nicht allein der eigenen Kraft und der Hilfe des großen Bruders überlassen. Was fehlte, war eine ähnlich starke Annäherung an Europa, eine Orientierung Israels auch an der Alten Welt, möglichst auf der Basis wechselseitiger Beziehungen. An Ansatzpunkten dazu herrschte kein Mangel, und das gilt auch heute noch.

Es wird oft leicht vergessen, daß Israel jahrzehntelang um seine Akzeptanz in der Völkergemeinschaft kämpfen mußte, teilweise sogar heute noch um internationale Anerkennung ringt. Im Gegensatz zu fast allen anderen Staaten, die nach dem Zweiten Weltkrieg ihre Unabhängigkeit erlangten, fiel Israel die Souveränität nicht wie selbstverständlich zu. Es war schwierig genug, Regierungen in aller Welt davon zu überzeugen, daß an dieser Souveränität nicht zu rütteln war, allen Zweifeln und Vorbehalten zum Trotz. In den fünfziger Jahren bemühte Israel sich um die Aufnahme diplomatischer Beziehungen zu Ländern wie Birma oder Ghana, um gleichzeitig feststellen zu müssen, daß es solche Beziehungen noch nicht einmal mit allen westeuropäischen Staaten unterhielt: Weder mit Spanien und Portugal noch mit Griechenland war damals dieses offizielle Netz schon geknüpft, auch nicht mit Deutschland. Dabei konnte Israel wegen des Belagerungszustands, in dem es sich befand, auf die Solidarität Westeuropas nicht verzichten. Von den kommunistisch beherrschten Ländern weitgehend isoliert, von den islamischen bekämpft und von der Dritten Welt größtenteils boykottiert, mußte es sich von der Vorstellung lösen, die Partnerschaft mit den Vereinigten Staaten allein genüge als Garantie für seine Zukunft.

Die Notwendigkeit, Brücken auch nach Westeuropa zu schlagen, wurde in Israel von niemandem ernsthaft bestritten. Die Frage war nur, welchen Rang diese Verbindungen erhalten, wie umfassend und tragfähig sie sein sollten. Sofern man sich über die Art der Konstruktion überhaupt Gedanken machte, dachte man mehr an eine beiläufige, oberflächliche Form der Zusammenarbeit. In geradezu visionärer Vorschau aber erkannten bereits in den fünfziger Jahren einige wenige Fachleute, welche Entwicklungen sich in Europa anbahnten und welcher Wert ihnen im Hinblick auf Israels Rolle in einer sich zunehmend rascher verändernden Welt beizumessen sei. Sie beobachteten das schrittweise Entstehen der Europäischen Gemeinschaft und zogen daraus die richtigen Schlüsse. Ihnen wurde klar, welche Chance die künftige EG für Israel darstellte, welche wirtschaftlichen und außenpolitischen Stabilisierungspotentiale sie einmal anzubieten hätte, allerdings auch, welches Maß an Risiken in einer künftigen Zusammenarbeit steckte, falls sie zustande kommen sollte. Auf jene wenigen vorausblickenden Experten wirkte das Zusammenwachsen der Gemeinschaft, zumal in der noch embryonalen Phase, wie ein verheißungsvolles Signal.

Mitunter meint es die Geschichte gut mit einem Volk, indem sie ihm Persönlichkeiten mit Instinkt und Weitblick schenkt, Wegweiser in die kommenden Jahrzehnte. Mit Beharrlichkeit gelingt es ihnen, die Regierung und Bevölkerungsmehrheit ihres Landes auf Bahnen zu führen, deren Verlauf kaum überschaubar, ja letztlich so ungewiß ist wie das Ziel, das auch jene wenigen nur mehr ahnen als kennen. Im allgemeinen wurden Nachrichten, die das Entstehen der EG betrafen, in Israel zunächst mit ziemlicher Gleichgültigkeit behandelt, man nahm sie zwar zur Kenntnis, legte ihnen aber selbst in Regierungskreisen keine größere Bedeutung bei. Das änderte sich erst, als die Regierung in Jerusalem sich von Experten bewegen ließ, die Vorgänge in Europa aufmerksamer zu verfolgen.

1958, als die Römischen Verträge von den Parlamenten der sechs Gründerstaaten der EG gebilligt worden waren, nahm Israel mit der Gemeinschaft diplomatische Beziehungen auf. Nur zwei weitere Staaten unternahmen damals den gleichen Schritt: Griechenland, das ernsthaft einen Beitritt zur Gemeinschaft anstrebte, und die Vereinigten Staaten, die als größte Weltmacht dafür bekannt waren, daß sie ohne Zögern diplomatisch anerkannten, was sich auf der Erde an Neugründungen auch nur regte und bewegte. Die meisten Staaten, die heute der EU angehören, haben der Gemeinschaft seinerzeit ihre Anerkennung versagt, sie im Gegenteil sogar teilweise zu bekämpfen versucht. So war die 1960 gegründete Freihandelsassoziation, die EFTA, den Bestrebungen der im Entstehen begriffenen EG deutlich entgegengerichtet.

Großbritannien, das zur Freihandelsassoziation gehörte, erwies sich als besonders hartnäckiger und kompromißloser Gegner der Gemeinschaft. Natürlich wurde es zur Teilnahme an den Verhandlungen geladen, die dem Abschluß der Römischen Verträge voraufgingen, von Anfang an aber ließen die Briten nicht den geringsten Zweifel an ihrer tiefen Abneigung gegen das geplante Vertragswerk. Ein Zeuge, Jean-François Deniau, der 1956 auf französischer Seite an den Verhandlungen teilnahm, erinnert sich an seinen britischen Kollegen:

»Nie hat der würdige Vertreter des Vereinigten Königreichs während der Verhandlungen seinen Mund aufgemacht, es sei denn, um sich eine Pfeife anzustecken. Endlich – eines Tages und zur Überraschung aller Beteiligten bat er um das Wort, und das auch nur, um eine kurze Abschiedsrede zu halten. Er sagte: ›Herr Vorsitzender, meine Herren, ich möchte mich für Ihre Gastfreundschaft bedanken und Ihnen versichern, daß sie ab heute beendet sein wird … Ich habe mit Interesse Ihre Arbeit verfolgt, und ich muß Ihnen sagen, daß der künftige Vertrag, von dem Sie sprechen und von dem Sie die Pflicht haben, ihn zu entwerfen, a) keine Chancen hat, jemals vollendet zu werden; b) wird er trotzdem vollendet, hat er keine Chance, gebilligt zu werden; c) wird er gebilligt, hat er keine Chance, in die Tat umgesetzt zu werden. Wäre es trotzdem so, würde er auf jeden Fall für Großbritannien vollkommen inakzeptabel sein‹.« Deniau erwähnt auch die öffentliche Erklärung eines britischen Ministers, der an den Verhandlungen teilnahm. Nach dessen Ansicht handelte es sich bei dem Plan zur Schaffung einer europäischen Gemeinschaft im Grunde um das Werk von Besiegten. Unter denen habe aber England nichts zu suchen. Statt den Widerstand gegen die Europäische Gemeinschaft aufzugeben, verstärkten die Briten ihr Engagement in der EFTA, vornehmlich auf die Wahrung ihrer nationalen Interessen bedacht.

Um so höher muß man wohl, gerade aus heutiger Sicht, den nüchternen Realitätssinn jener Israelis einschätzen, die trotz starker gegenläufiger Strömungen im eigenen Land in der Verbindung zur EG große wirtschaftliche Entwicklungsmöglichkeiten für ihren Staat sahen. Zunächst erhofften sie sich eine durchgreifende Modernisierung der Wirtschaft und eine gesellschaftliche Liberalisierung. Unter dem Einfluß sozialistischer Ideen und infolge des permanenten Kriegszustands hatte sich in Israel nicht nur eine zentralistische Wirtschaftsform, sondern auch eine ähnlich konzentriert gesteuerte Verwaltungsbürokratie etabliert, Systeme, die eine Zeitlang und bis zu einem gewissen Maß zweckmäßig, vielleicht sogar unentbehrlich gewesen waren, sich aber zunehmend als Hemmnisse für die freie Entfaltung innovativer Kräfte herausstellten. Die Bevölkerung hatte sich an die vermeintlichen Segnungen des Zentralismus gewöhnt; sie war weder willens noch praktisch in der Lage, sich über kurz oder lang auf alternative Experimente einzulassen. Auf die erstarrten, blockierenden Strukturen des Zentralismus ließ sich erfolgversprechend nur von außen einwirken. Nicht als Patentrezept, wohl aber als ein sicherlich hilfreiches Mittel erschien ihren Befürwortern eine enge Zusammenarbeit mit der Europäischen Gemeinschaft.

Die Zukunft hat bestätigt, daß die Visionäre von damals keinen falschen Vorstellungen folgten. Ihr Kalkül erwies sich als zutreffend, auch im Hinblick auf die erwarteten positiven Folgen der Partnerschaft mit der EG für Reformen in Israel. Die Wirkung glich in etwa derjenigen, die in den letzten beiden Jahren in Italien im Zusammenhang mit dem Streit um die Kriterien der Aufnahme in die Währungsunion eingetreten ist. Mahnende Hinweise vor allem von seiten der Bundesrepublik, Italien müsse zunächst Ordnung in seine Finanzen und seine Verwaltung bringen, bevor man über die Einbeziehung des Landes in die geplante Gemeinschaft entscheiden könne, fanden durchaus Gehör; Italien aber mahnte seinerseits: Erst wenn es überzeugende Beweise dafür gebe, daß man Italiens Mitgliedschaft wirklich und uneingeschränkt wolle, werde sich die gewünschte Ordnung herstellen lassen. Das eine wie das andere ist inzwischen geschehen. Nach gelungenen Reformen, die manche für ein Wunder halten, steht dem Anschluß Italiens an die Währungsunion nichts mehr im Wege. Um die Maastrichter Kriterien erfüllen zu können, bedurfte es nur eines nachdrücklichen Vertrauensschubs.

Seit es 1958 diplomatische Beziehungen mit der EG aufgenommen, 1964 mit ihr das erste Handelsabkommen unterzeichnet und 1975 nach mehrjährigen Verhandlungen den begehrten Freihandelszone-Vertrag geschlossen hat, nimmt Israel unter den Vertragspartnern der Gemeinschaft eine Sonderrolle ein. Sie beruht nicht nur darauf, daß Israel als nichteuropäisches Land und ohne Mitglied der EG zu sein dennoch eng mit ihr verbunden ist. Entscheidend ist vielmehr das Prinzip vollkommener Gegenseitigkeit, auf das sich das Abkommen über die Freihandelszone gründet. Später geschlossene EG-Verträge mit anderen Staaten, auch mit solchen im Mittelmeerraum, enthalten Bestimmungen, die diesem Prinzip nicht entsprechen.

Der Vertrag mit Israel verfolgt mit der Aussicht auf alle Vorteile für beide Seiten nicht allein wirtschaftliche Ziele. Die EG hat zwar von Vorteilen profitiert, die ursprünglich nicht einkalkuliert waren, die Überlegungen jedoch, die zum Abschluß der Vereinbarungen führten, waren überwiegend politischer Art. Obgleich die EG sich von Anfang an als europäische Wirtschaftsmacht verstand und diese Funktion auch bis heute erfüllt, ließen sich ihre Gründungsväter hauptsächlich von gemeinsamen politischen Überzeugungen leiten. Kriege auf dem Kontinent sollten künftig verhindert, Konflikte friedlich beigelegt, äußere Sicherheit durch ein enges Verteidigungsbündnis gewährleistet werden. Kurz nach dem Zweiten Weltkrieg standen die europäischen Völker Plänen zu einer derartigen Gemeinschaft größtenteils ablehnend, zumindest skeptisch gegenüber. Das Fernziel der politischen Einigung versuchte man deshalb zunächst mit der schrittweisen Errichtung eines gemeinsamen Marktes anzusteuern. Jeder weiß im übrigen, daß in aktuellen wirtschaftlichen Beschlüssen, die die EU betreffen, fast immer auch politische Erwägungen zum Tragen kommen, die wiederum nicht unbeeinflußt sind von der jeweiligen öffentlichen Meinung.

Mit dem Abschluß des Freihandelszone-Abkommens gewann der Handelsverkehr zwischen den EG-Staaten und Israel neuen Auftrieb. Ende der siebziger Jahre umfaßte er in beide Richtungen vierzig Prozent von Israels Welthandel, ein ausgewogenes Verhältnis zwischen Ein- und Ausfuhr, das sich damals aber schon merklich verschlechterte: Israel importierte zunehmend aus der EG, konnte aber seinen Export dorthin so gut wie nicht ausbauen. Heute liegt die Ausfuhr von Waren und Gütern – Dienstleistungen ausgeklammert – bei kaum elf Milliarden Mark pro Jahr, während die jährliche Wareneinfuhr aus den fünfzehn

EU-Ländern einen Wert von 25 Milliarden Mark ausmacht. Das große Handelsdefizit läßt sich nur ertragen, weil Israel im Verkehr mit anderen Staaten Überschüsse erzielt, besonders in Geschäften mit den Vereinigten Staaten, aber auch im Handel mit einem Land wie Japan, das aus Israel sogar Komponenten der Hochtechnologie bezieht.

Der Handelsverkehr, den Israel betreibt, hat in den letzten Jahren weiter zugenommen und erreichte mittlerweile Dimensionen, die – gemessen an der geringen Größe des Landes – gewaltig sind. Vom Gesamtvolumen, 94 Milliarden Mark, entfallen 66 Prozent auf den Handel mit der Europäischen Union. Gegenüber den siebziger Jahren stark gewachsen ist allerdings auch das Außenhandelsdefizit im Warenaustausch mit der Europäischen Union, der ehemaligen EG. Zum Teil geht es auf die Unausgewogenheit der Bilanz des Handels mit Deutschland zurück, teilweise war es das Ergebnis von Lücken, Versäumnissen und korrekturbedürftigen Formulierungen des Vertrags aus dem Jahr 1975.

Seit Israel damals das Freihandelszone-Abkommen unterzeichnete, hat nicht nur die Europäische Gemeinschaft eine andere Gestalt angenommen. Verändert hat sich die gesamte Weltlage, mit dem Wegfall alter Märkte und dem Entstehen neuer Absatzgebiete auch das Kraftfeld, in dem sich wirtschaftliche Entwicklungen vollziehen. Neue Technologien haben in den letzten zwei, drei Jahrzehnten zur weiteren Internationalisierung der Finanz- und Handelsbeziehungen beigetragen; »Globalisierung«, auf die Wirtschaft gemünzt, ist das Stichwort für den Wandel herkömmlicher, allzu vertrauter Strategien.

Das Abkommen von 1975 sollte regelmäßig aktualisiert werden, die Anpassung unterblieb jedoch aus politischen Gründen. Israels Situation war gegen Ende der siebziger und während der achtziger Jahre alles andere als beneidenswert. Die Folgen des Jom-Kippur-Krieges 1973, die Ölkrise, der anhaltende Druck der arabischen Staaten, die dank ihrer Ölvorkommen weit selbstbewußter und anspruchsvoller als früher auftraten, letztlich auch die Intifada – alles dies brachte Israel in Bedrängnis, verschaffte ihm wirtschaftliche Nachteile und schwächte hier und da auch sein politisches Ansehen in der internationalen Völkergemeinschaft. Der jüdische Staat verlor an Durchsetzungskraft. Die Positionen, die er vor einem günstigen Zeithintergrund einmal hatte einnehmen können, begannen Schaden zu nehmen. Der Vertrag, der Israel an der EG-Freihandelszone beteiligte, erwies sich nach einiger Zeit als überholt; die Vorteile, die er zunächst geboten hatte, verringerten sich mehr und mehr. Die Folge war, daß sich das Defizit im Handelsverkehr mit den Europäern zunehmend vergrößerte.

Ein rein technischer Ergänzungsvertrag mit dem EG-Ministerrat, den ich 1987 als Botschafter in Brüssel unterzeichnete, war das Ergebnis intensiver Verhandlungen. Der Eintritt Spaniens und Portugals in die Gemeinschaft im voraufgegangenen Jahr erforderte einige Änderungen des Vertrags von 1975. Die notwendige Billigung dieser Änderungen durch das Europäische Parlament war jedoch unversehens in Frage gestellt, als im Dezember 1987 die Intifada losbrach, der Aufstand der Palästinenser in den israelisch besetzten Gebieten. Schon in den vorausgegangenen Jahren, vor allem nach dem Libanon-Krieg 1982, hatte sich unter den Europa-Abgeordneten eine von Zweifeln und Mißtrauen genährte Stimmung gegen Israel bemerkbar gemacht, die sich nun, mit dem Beginn der Unruhen, derart verschärfte, daß die Billigung des Vertrags durch das Parlament nicht mehr gewährleistet schien. Erst in den folgenden zehn Monaten gelang es, die Bedenken auszuräumen und eine Abstimmungsmehrheit für die notwendigen Ergänzungen zu sichern. Unter den gegebenen Umständen bestand jedoch kaum Hoffnung auf künftige Verhandlungen mit dem Ziel, den Vertrag fortlaufend den jeweiligen Erfordernissen anzugleichen.

Erst 1991, während des Golfkriegs, setzte ein allgemeiner Stimmungswandel zugunsten Israels ein. Um die westlich orientierte arabische Allianz nicht zu gefährden, ergriff die Regierung in Jerusalem weder Vorbeugungs- noch Vergeltungsmaßnahmen gegen den Irak, der Israel aus einer Entfernung von tausend Kilometern mit Raketen beschoß. Die bewußte Zurückhaltung zahlte sich aus, auch im Hinblick auf das Verhältnis zu den Europäern. Der Gemeinschaft war sehr an der Teilnahme an der sich relativ früh abzeichnenden Friedenskonferenz gelegen, sie benötigte dafür aber die Zustimmung aller Partner, einschließlich Israels. So gewann der Dialog zwischen verschiedenen Gremien der EG auf der einen Seite und Israel auf der anderen allmählich wieder an Inhalt. Auf einer vollkommen sachlich-konstruktiven Ebene wurden dann die Verhandlungen geführt, die mit den Gesprächen in Oslo begannen. Auch das Abkommen, das 1995 die zwanzig Jahre zuvor geschlossenen Vereinbarungen über die Freihandelszone ergänzte und aktualisierte und Israel in die europäische Wissenschafts- und Forschungsgemeinschaft einband, kam im Geist gegenseitiger Verständigungsbereitschaft und einhelligen Vertrauens zustande.

Leider war der Zustand, der mit dem Abkommen erreicht war, nur von kurzer Dauer. Nach der Welle der Terroranschläge, unter der Israel Anfang 1996 zu leiden hatte, und dem folgenden Regierungswechsel geriet der Friedensprozeß im Nahen Osten ins Stocken. Daraus ergaben sich Belastungen für das Verhältnis zu den europäischen Partnern, zeitweilige Spannungen, Verstimmungen und Irritationen auf beiden Seiten. Zwar ist in der EU das Verfahren, das der Billigung des Abkommens voraufzugehen hat, nicht unterbrochen worden, doch ruht seither die Diskussion über die inhaltliche wie auch praktische Erfüllung des privilegierten Status, der Israel 1994 vom Europarat zuerkannt worden ist. Allerdings wird es sich hier nur um eine Pause handeln. So unumkehrbar, trotz aller Unterbrechungen und Krisen, der Friedensprozeß im Nahen Osten ist, so sehr darf man hoffen, daß die Beziehungen Israels zur Europäischen Union sich weiter verfestigen werden.

Was erwartet Israel von der Union, welche Rolle, welche Aufgaben sollten oder könnten die Europäer im Nahen Osten übernehmen? Verträge allein reichen nicht aus, um den Beziehungen zwischen Israel und der EU künftig den erforderlichen Rückhalt zu geben und dem Verhältnis Dauer und Stabilität zu garantieren. Alle Übereinkünfte spiegeln zeitbedingte und zeitlich begrenzte Interessen und so allgemeine Erwartungshaltungen wider wie den Wunsch, bisherige Beziehungen zu beiderseitigem Nutzen fortzusetzen, miteinander auf irgendwelchen Gebieten zu kooperieren, einvernehmlich Konfliktlösungen anzustreben und dergleichen mehr. Seine offizielle Laufzeit ändert nichts daran, daß ein Vertrag nur solange in Kraft bleibt, bis er zumindest für einen der Partner keine Bedeutung mehr hat. Die vereinbarten Rechte und Pflichten gelten dann mit der Sache, auf die sie sich beziehen, als überholt.

Israel wird, wenn es mit seinen Nachbarn, die Palästinenser eingeschlossen, endgültig Frieden geschlossen hat, ein anderer Staat sein als heute. Worin er sich vom gegenwärtigen unterscheiden wird, läßt sich kaum voraussagen; nach einem mehr als fünfzigjährigen Kriegszustand läßt sich über das künftige friedliche Zusammenleben ehemals verfeindeter Völker nur spekulieren. Eines aber ist heute schon gewiß: Um ihres Bestandes willen muß jede Friedensregelung auf die elementaren Bedürfnisse der Völker abgestimmt sein. Für Israel bedeutet dies, daß es offene Grenzen garantieren, diplomatische Beziehungen zu den Nachbarn unterhalten, ungehinderten Tourismus ermöglichen und, nicht zuletzt, Projekte entwickeln wird, deren Realisierung in gegenseitigem Interesse liegt.

Die Israelis sind allerdings ein kleines und eigenständiges Volk, angesiedelt inmitten einer Region, die von mehreren Völkerschaften mit gemeinsamer Geschichte, Religion und Sprache bewohnt ist, ethnisch und kulturell zusammengehörig und mit ähnlich stark ausgeprägten Lebensgewohnheiten, wie sie der Bevölkerung des jüdischen Staates eigen sind. Die Unterschiede lassen sich nicht einfach ignorieren. Israel wird eines Tages mit den insgesamt um vieles größeren übrigen Staaten des Nahen Ostens friedlich und gedeihlich zusammenarbeiten. Allerdings wird es seine Identität und kulturelle Eigenständigkeit wahren müssen, ebenso sein wirtschaftliches Niveau und seinen hohen Entwicklungsstand im Bereich der Technologie und der wissenschaftlichen Forschung. Ein zugegeben schwieriges Problem, an dem aber kein Weg zum Frieden vorbeiführt.

Andererseits können sich heute selbst erheblich größere Länder als Israel nicht der Einsicht verschließen, daß ihr Kräftepotential zu schwach ist, um sich auf Dauer selbständig in einer Welt fortschreitender Globalisierung behaupten zu können. Den Vereinigungsbestrebungen in Europa liegt – unter anderem – wesentlich auch diese Erkenntnis zugrunde. Auch in Israel ist man sich grundsätzlich bewußt, daß aller Fortschritt, daß jede der Errungenschaften, auf denen das bisherige Wachstum des Landes beruht, sich nur in enger Verbundenheit mit einem wirtschaftlich möglichst starken Partner kontinuierlich erneuern kann. Mit der Hilfe der USA, seinem mächtigsten Freund und Förderer, wird der jüdische Staat wohl noch lange rechnen dürfen, nicht aber mit der Einbeziehung in das amerikanische Wirtschaftsgefüge. Die Interessen der Vereinigten Staaten konzentrieren sich mehr auf Nord- und Lateinamerika, auf Freihandelszonen mit der Europäischen Union und Südwestasien, nicht aber auf den Nahen Osten. Der erscheint heute politisch wichtig, auch die dortigen Erdölvorkommen bieten amerikanischen Konzernen Anreiz genug. Darüber hinaus aber verfolgen die USA in dieser Region keine besonders ehrgeizigen Wirtschaftsziele.

Es bleibt also, da auch Japan aus mehreren Gründen ausscheidet, als starker Bezugspunkt für Israel nur Europa, die Europäische Union. In ihr wünscht Israel verankert zu werden, in einer dauerhaft institutionalisierten Art, die Turbulenzen standzuhalten vermag und von keinen nur beiläufigen und vorübergehenden Interessen bestimmt wird.

Besondere Hoffnungen setzt Israel auf Deutschland. Die angestrebte Vertiefung der Beziehungen sollte aber Hand in Hand gehen mit einem gleichartigen Prozeß im Verhältnis zwischen Israel und der Europäischen Union. Er würde der Auffassung Helmut Kohls entsprechen, wonach der Staat Israel »auf zwei Beinen stehen« müsse. »Heute steht er auf dem amerikanischen Bein«, sagte der Kanzler mir einmal. »Das ist gut so, und das soll auch so bleiben. Aber Israel braucht, um vollkommen stabil zu sein, ein zweites Bein, und das soll das europäische sein.« Die Bundesrepublik, ergänzte Kohl, werde der »Motor« sein in der EU, um dieses Ziel zu erreichen.

Im Geist dieser Zusicherung kam es dann unter deutscher Präsidentschaft beim EU-Gipfeltreffen im Dezember 1994 zu jenem einstimmigen Beschluß, der Israel in seinen Beziehungen zur Europäischen Union einen privilegierten Status zuerkennt. Der Begriff läßt vielerlei Auslegungen zu. Er regt zu spekulativen Hoffnungen und Erwartungen an und gibt beiden Seiten hinreichend Freiraum für die Formulierung von Ansprüchen, die – wie immer in solchen Fällen – miteinander in Einklang zu bringen sind, wenn sie zu konkreten Ergebnissen führen sollen. Was hat die Europäische Union von Israel, was hat sie vom Nahen Osten überhaupt zu erwarten?

Vom Handelsverkehr mit Israel profitieren die Unternehmer in den EU-Mitgliedsstaaten nicht unerheblich. Aus ihren Exportgeschäften im Wert von fast 25 Milliarden Mark jährlich und den Wareneinfuhren von nur elf Milliarden Mark ergeben sich beträchtliche Überschüsse zu ihren Gunsten. Hinzu kommen für die Europäer Vorteile, die sie aus der Forschungsarbeit, einem erfolgreichen und zukunftsorientierten Wissenschaftssektor in Israel, ziehen. Den positiven Erfahrungen vor allem deutscher Wissenschaftler schlossen sich ähnlich erfreuliche Resultate der Zusammenarbeit zwischen französischen und israelischen Kollegen an. Sie überzeugten die EU vom Nutzen solcher Kooperation, zumal sie auch finanziell ertragreich ist. Alles dies ist allerdings, gemessen an den Dimensionen der europäischen Forschung und Wirtschaft, für die Interessen Gesamteuropas letztlich nur eine Nebensächlichkeit.

Die Notwendigkeit, sich im Nahen Osten politisch zu engagieren und nach Möglichkeit auf den Friedensprozeß einzuwirken, wird hingegen in der Europäischen Union klar erkannt. Während ihre Aktivitäten auf wirtschaftlichem und wissenschaftlichem Gebiet eher zurückhaltend erscheinen, sieht sie sich als im Entstehen begriffene Supermacht von den politischen Problemen geradezu herausgefordert. Tatsächlich stellt die Instabilität in dieser Region auch für die EU eine Gefahr dar und berührt unmittelbar eigene Interessen. Auswirkungen der sozialen und wirtschaftlichen Lage im Nahen Osten und in Nordafrika machen vor den Toren Europas nicht halt, wie – ob legal oder illegal – die Einwanderung von Arbeitssuchenden zeigt. Allerdings ist der Zeitpunkt noch nicht gekommen, da die Union ihre Einflußmöglichkeiten voll wahrnehmen kann. Die Chancen werden sich voraussichtlich nach Einführung der gemeinsamen Währung erhöhen, erst recht natürlich dann, wenn den europäischen Regierungen die Mittel einer gemeinsamen Außen- und Verteidigungspolitik zur Verfügung stehen.

Die Länge der Zeit, über die sich der europäische Einigungsprozeß hinzieht, läßt manchen verzweifeln. Bereits 1948 wurde der Beschluß zur Gründung des Europarats gefaßt. 1951 ist als erste übernationale Organisation die Montanunion ins Leben gerufen worden, die Europäische Gemeinschaft für Kohle und Stahl, die ein Jahr später ihre Arbeit aufnahm. 1958 traten die Römischen Verträge in Kraft, die Einigung selbst aber läßt immer noch auf sich warten. Es ist aber wohl gerade die Langwierigkeit des Verfahrens, die ihm letztlich Erfolg im Sinne einer krisenunauffälligen Stabilität garantiert. Rasch, unter Druck oder gar gewaltsam erzwungene Zusammenschlüsse zerfallen in der Regel mit der Macht, die sie herbeiführten. Die Sowjetunion und Jugoslawien sind dafür eklatante Beispiele.

Der Konsens, auf dem die Europäische Union beruht, ist nicht immer leicht zu erreichen. Erforderlich sind Beharrlichkeit, Geduld und Zeit, der gelassene, lange Blick auf das gemeinsame Ziel. Es liegt nahe, die EU mit einer Schildkröte zu vergleichen, die sich langsam und vorsichtig, doch unbeirrt voranbewegt, die Ruhepausen einlegt, ohne indes rückwärts zu gehen. Alles, was bisher in der Union mit Einigungsschritten erreicht wurde, ist ein »Aquis Européen«, ein dauerhafter, solider Grund, auf den sich weiter aufbauen läßt. Mir selber will das künftige Europa wie eine große Schweiz erscheinen – eine freiwillige Föderation verschiedener Sprach- und Kulturgruppen unterschiedlicher Größe, die sich nicht bedrohen, sondern in Eintracht miteinander leben und sämtlich vom sozialen System der Subsidiarität profitieren.

Bis Europas künftige Rolle im Nahen Osten wirksam zum Tragen kommen kann, dürfte also noch einige Zeit vergehen. Ungeduld wäre sicherlich fehl am Platz, auch sind gegenwärtig zu diesem Punkt die Meinungsverschiedenheiten innerhalb der Union noch zu groß. Überdies darf man nicht vergessen, daß im Friedensprozeß bereits die Amerikaner als Vermittler am Zuge sind, und das schon seit geraumer Zeit. Allenthalben herrscht Einmütigkeit darüber, daß sie allein schon die Summe ihrer bisherigen Erfahrungen legitimiert, ihre Vermittlerrolle ungeteilt beizubehalten. Wenn dies aber so ist und vorläufig bleiben soll, welche Aufgaben gibt es dann noch für die Europäer?

Die Frage läßt sich zunächst nur mit dem Hinweis auf das doppelte Gleis der Verhandlungen beantworten, die mit dem Ziel eines Friedensabkommens zwischen Israel und seinen Nachbarn geführt werden. Neben den bilateralen, die jeweils zwischen Israel und Ägypten, Jordanien und den Palästinensern stattfinden und zu denen hoffentlich einmal auch Gespräche mit Syrien und dem Libanon kommen, laufen Verhandlungen auf multilateraler Ebene. An ihnen beteiligen sich sowohl Amerikaner und Kanadier wie Europäer, Japaner, Israelis, Palästinenser und Partner aus den Nachbarstaaten. Hauptthema dieser Verhandlungen ist die Frage der Friedenssicherung: Wie läßt sich der Frieden im Nahen Osten nach der Unterzeichnung entsprechender Abkommen auf lange Sicht gewährleisten? Welche praktischen Schritte werden nötig sein, um die Verträge allmählich so mit Leben zu erfüllen, daß der Ausbruch neuer Konflikte vermieden, das Mißtrauen zwischen ehemaligen Feinden allmählich abgebaut und ein Zustand erreicht wird, wie er heute etwa zwischen früheren Kriegsgegnern in Westeuropa besteht?

Ein geeignetes Mittel wäre die gemeinsame Ausarbeitung überregionaler Entwicklungspläne, deren Realisierung, auf eine gesunde finanzielle Basis gestellt, Vorteile für alle Beteiligten bringen würde. Solche Gemeinschaftsprojekte, wer sie auch initiiert, würden vor allem zunächst verbindende Interessen schaffen. Dies allein schon wäre eine Garantie für die Realität, die Glaubwürdigkeit und Dauerhaftigkeit des Friedens. Darüber hinaus würden die Projekte zum wirtschaftlichen Aufschwung der gesamten Region beitragen. Denn deren Länder sind allesamt zu klein und zu arm, als daß ein einzelnes sich im Alleingang den Luxus kostspieliger Unternehmungen in Größenordnungen leisten könnte, die jenseits seiner Zahlungskraft liegen. Die Verwirklichung gemeinsamer Entwicklungspläne würde zu einem schrittweisen Ausgleich des Lebensniveaus der Israelis auf der einen und der Araber auf der anderen Seite führen. Langfristig muß sich die in dieser Hinsicht bestehende Kluft, wenn sie nicht aufgehoben wird, auf den Frieden verhängnisvoll auswirken. Um den Nahen Osten in eine moderne, wirtschaftlich florierende Entwicklungsregion wie Südostasien zu verwandeln, fehlt es zur Zeit allerdings noch an den wichtigsten Voraussetzungen.

Gerade hier aber setzen die multilateral geführten Gespräche an. Sie drehen sich zwar um Zukunftsprojekte, gehen aber von heutigen Notlagen und Mängeln aus, beispielsweise von der unzureichenden Wasserversorgung, ein in den Ländern des Nahen Ostens besonders relevantes Problem. Den Mehrbedarf an Wasservorräten dadurch zu sichern, daß man wie bisher um die spärlichen Ressourcen kämpft, macht keinen Sinn. Abhilfe könnte hauptsächlich der Bau moderner, leistungsfähiger Entsalzungsanlagen schaffen.

Weitere überregionale Aufgaben liegen im Bereich des Verkehrs. Im Nahen Osten fehlt ein durchgehendes Eisenbahnnetz mit Schnellverbindungen. Systeme wie der deutsche ICE oder die französische TGV haben, nur in einem Land eingesetzt, keine reelle Chance. Auch die Infrastruktur für den Straßen- und Luftverkehr läßt sich, wenn sie künftigen Entwicklungen vorausgreifen soll, nur in engem Kontakt mit allen nahöstlichen Ländern planen und gestalten.

Ähnliches gilt für größere industrielle Vorhaben und für Projekte auf dem Gebiet des Umweltschutzes. Der Tourismus schließlich, der heute überall in meist großem Maßstab betrieben wird, bietet ein nahezu unbegrenztes Feld für gemeinsame Initiativen. Daß ein Land, das soviel Attraktionen zu bieten hat wie Israel – Sonne und Strände, berühmte historische Stätten –, trotz aller Bemühungen jährlich nicht mehr als zwei Millionen Besucher anzieht, während manche europäischen Länder pro Jahr zwischen vierzig und sechzig Millionen verzeichnen, hängt hauptsächlich mit seiner geringen geographischen Größe zusammen. Angebote von »touristischen Paketen« in Form von Rundreisen durch den gesamten Nahen Osten würden sicherlich den Zustrom von Besuchern aus aller Welt nicht nur in Israel anschwellen lassen, sondern die ganze Region nach und nach für den internationalen Reiseverkehr erschließen helfen – vorausgesetzt natürlich, es herrschte endlich Frieden unter den Völkern.

Der gute Wille, diesen Frieden allein durch Verhandlungen zu erreichen, wird nicht genügen. Parallel dazu müßte die grundsätzliche Bereitschaft zur Zusammenarbeit an Projekten gestärkt werden, die von sich aus schon friedensstiftend sind. Deren Durchführbarkeit aber setzt Hilfe von außen voraus: Ohne ausländische Investitionen wird sich kein größeres Gemeinschaftsvorhaben in Angriff nehmen, geschweige denn zuendeführen lassen. Und da es immerhin auch um Renditen geht – was liegt näher, als kapitalkräftige private Investoren in Europa für solche Pläne zu interessieren? Jede langfristige Kapitalanlage würde sich lohnen, selbst die in den Bau von Filtrierwerken zur Aufbereitung von Wasser mit hohem Salzgehalt. Das gewonnene Produkt ließe sich wie jedes andere absetzen, und kein Hersteller müßte sich angesichts der enormen Nachfrage um den Verkauf sorgen. Um aus dem Elend, in dem sie leben, herauszukommen, müßten die Palästinenser dringend eine eigene Volkswirtschaft aufbauen. Die Abhängigkeit von der Arbeit in Israel kann allenfalls eine vorübergehende Lösung sein, nicht nur im Hinblick auf die Absperrungen, die gewöhnlich nach jedem Terroranschlag angeordnet werden.

Im Rahmen der multilateralen Verhandlungen ist Israel auch mit den Palästinensern im Gespräch. So wird beispielsweise über sogenannte Industrieparks verhandelt. Die bisher vorliegenden Pläne sehen entlang der Grenze die Errichtung von Industrieanlagen vor, zu denen die Palästinenser aus ihren Gebieten Zugang haben sollen, ohne israelischen Boden betreten zu müssen. Umgekehrt können die Israelis ebenso direkt aus ihrem Hoheitsgebiet zu den Anlagen gelangen. Weder politische Unruhen noch Ausgangssperren würden die Produktion behindern. Auch dieses Projekt, mit dessen Ausführung noch vor dem Abschluß eines endgültigen Friedensvertrags begonnen werden kann, bietet Anreiz vor allem für private Unternehmer: Sie würden gleichermaßen von den billigen, aber erfahrenen Arbeitskräften, von der israelischen Infrastruktur und von der Kompetenz gut ausgebildeter Techniker und Ingenieure profitieren. Darüber hinaus leisteten sie – mit positiven Rückwirkungen auf Europa – einen wertvollen Beitrag zur Sicherung des Friedens an einem traditionell riskanten Unruheherd.

Europäische Unternehmer, die heute mit Investitionen die wirtschaftliche Entwicklung des Nahen Ostens fördern, schaffen sich damit sichere und lukrative Absatzmärkte für morgen. Die

Risiken, die sie eingehen, sind ungleich geringer als die Aussicht auf Rentabilität und auf langfristige geschäftliche Kontakte, aus denen sich zu beiderseitigem Nutzen echte Partnerschaften bilden können. Ein solches Dauerverhältnis ergab sich übrigens aus dem deutsch-israelischen Wiedergutmachungsabkommen: Israel ist seither ein zuverlässiger Kunde der deutschen Industrie.

Es gibt weitere Beispiele, die die Europäische Union ermutigen könnten, in den multilateralen Verhandlungen über die Zukunft des Nahen Ostens die Führungsrolle zu übernehmen. Nicht kurzlebiger Erfolge wegen, die sich rasch von selber aufheben, sondern in realistischer Einschätzung der derzeitigen politischen Situation im Nahen Osten und im Bewußtsein der Mitverantwortung für das Gelingen des Friedensprozesses. Daß sich aus einem solchen Engagement der EU mit der Anmeldung wirtschaftlicher Interessen auch Möglichkeiten der politischen Einflußnahme ergeben, liegt auf der Hand. Richtig genutzt, können sich diese Chancen für die gesamte Region nur zum Vorteil auswirken. Jedenfalls würde auch in diesem Fall gelten, daß derjenige, der den stärksten wirtschaftlichen Einfluß ausübt, sich auch politisch Geltung verschafft.

Hierin, im Mitgestalten der zukünftigen Entwicklung im Nahen Osten, liegt eine der vielleicht sinnvollsten Aufgaben der Europäischen Union. Sinnvoll, weil sie den eigenen Beziehungs- und Handlungsrahmen öffnen und Elemente der Entspannung und Sicherheit in ein heillos zerrüttetes Gebiet dieser Erde tragen würde. Wird die Aufgabe angenommen, entschädigt sie gewissermaßen für die Vermittlerrolle der Amerikaner und wird dieser mindestens ebenbürtig sein. Jedenfalls wird sie keine zeitlich begrenzte Herausforderung darstellen, Friedenssicherung ist nicht an Fristen gebunden. Sie bedarf permanenter Bemühungen und ähnlich bedachtsam gewählter Schritte wie der Aufbau eines vereinigten Europa. Je überlegter und sorgfältiger das eine wie das andere verwirklicht wird, desto haltbarer, desto weniger krisenanfällig werden die Resultate sein.

Der lange, steile und steinige Weg nach Europa, den Israel vor vierzig Jahren mit der Aufnahme diplomatischer Beziehungen zur EG betreten hat, sollte dem Land zumindest zu einem Privileg verhelfen: als Brücke zu dienen zwischen der Europäischen Union und einem künftig in Frieden lebenden Nahen Osten.

Anhang

Auszüge aus öffentlichen Reden

Rede zur Verleihung des Deutschen Medienpreises
an den PLO-Präsidenten Jassir Arafat und den
Ministerpräsidenten des Staates Israel Jitzhak Rabin
Baden Baden, 23. November 1995

Ich überbringe den tiefempfundenen Dank der Familie Rabin –
nicht nur für die Würdigung des Lebenswerks des nun Verstor-
benen, sondern auch für die Einladung an seine Angehörigen, zur
Entgegennahme der Auszeichnung nach Baden-Baden zu kommen. Ich bin sicher, daß Sie Verständnis dafür haben, daß die
Familie Rabin heute hier nicht anwesend ist, nicht anwesend sein
kann, denn die jüdische Tradition gebietet eine dreißigtägige
Trauerzeit. Deshalb bin ich in Vertretung der Familie hier.

Über die heutige Würdigung der Person und des Werkes unseres Premierministers bin ich zutiefst bewegt, und natürlich
werde ich der Familie Rabin und meinem Land darüber Bericht
erstatten.

Der Preis wird zwei Staatsmännern verliehen für deren Mut
und Tapferkeit, den revolutionären Friedensprozeß im Nahen
Osten mit Erfolg in die Wege geleitet zu haben. Aber ich frage
mich immer wieder und begreife es nicht, warum eigentlich eine
Friedensanstrengung so hoch gelobt und ausgezeichnet werden

soll. Sollte es nicht für jeden Menschen das Natürlichste, das Selbstverständlichste sein, Frieden anzustreben? Sollten nicht alle so fühlen wie Friedrich Schiller, als er schrieb: »Ach, was für ein schöner Tag, wenn der Soldat endlich zum wirklichen Leben zurückkehrt, zur Humanität! Wenn die Fahnen wehen, um einen friedlichen und fröhlichen Marktplatz zu verschönern – wenn eine letzte Plünderung der Felder nur noch dazu dient, die Waffen und Helme mit Grün zu schmücken!«

Die Friedenssehnsucht des Menschen ist so alt wie die Menschheit selbst. Bereits fünfhundert Jahre vor unserer Zeitrechnung schrieb Herodot: »Niemand ist verrückt genug, um den Krieg dem Frieden vorzuziehen: In Friedenszeiten begraben die Söhne ihre Väter, in Kriegszeiten begraben die Väter ihre Söhne.«

Dennoch hat sich die Menschheit von Beginn an so aufgeführt, als sei Krieg Teil der menschlichen Natur. König Abdallah, der Großvater des heutigen Königs von Jordanien, sagte einmal: »Dem Tag folgt die Nacht, der Nacht folgt der Tag. Und so folgt der Frieden dem Krieg, und gleich hinterher folgt der Krieg dem Frieden.«

Warum eigentlich ist das so? Empfanden die vernunftbegabten Staatsmänner aller Zeiten nicht instinktiv, was der Talmud lehrt, nämlich: »Die Welt beruht auf drei Säulen: auf Wahrheit, auf Gerechtigkeit und auf Frieden. Und alle drei sind ein und dasselbe.« Irgendwie wußten die Staatsmänner es schon – meist strebten sie auch Frieden an –, aber leider allzuoft hielten sie es mit George Clemenceau. Er mußte in seiner berühmten Rede von 1919 tief atmen und gestehen: »Es ist schließlich viel leichter, Krieg zu führen als Frieden zu schließen.«

Diese Betrachtungen lassen wohl nur den Schluß zu, daß es, um Frieden anstreben, Frieden schließen, einen echten, langlebigen und dauerhaften Frieden gewährleisten zu können, ganz außergewöhnlicher, herausragender und leider sehr seltener tapferer Persönlichkeiten bedarf. Es bedarf Menschen mit einer großen inneren Kraft und Stärke, Menschen vielleicht, wie Aristide Briand sie beschrieb. »Um Frieden zu machen«, sagte er, »muß man zu zweit sein. Aber zunächst muß man mit sich selber Frieden schließen, bevor man ihn den Nachbarn anbietet.« Auch Aristide Briand ist übrigens ermordet worden, 1932.

Friedensstifter wie Jassir Arafat und Jitzhak Rabin verfügten über diese seltene innere Kraft, doch nicht nur über sie. Diejenigen, die im Nahen Osten den Friedensprozeß einleiteten, waren allesamt Kämpfer, die in Zeiten des Krieges großgeworden sind und geprägt waren von der Verantwortung für die Verteidigung ihres Volkes: Präsident Sadat, der den größten Teil seines Lebens inmitten der Streitkräfte seines Landes verbrachte; Menachem Begin, der im Widerstand gegen die britische Besatzung kämpfte; König Hussein, der seit Jahrzehnten Oberbefehlshaber seines Heeres ist, und in Israel heute Shimon Peres, der jahrelang das Verteidigungsministerium geführt hat. Und dann die heute Geehrten, Jassir Arafat und Jitzhak Rabin.

Leider aber gibt es in jedem Volk Kleingeistigkeit. Sie bewirkt, daß große Menschen nicht verstanden werden, daß Friedensvisionären die Zustimmung verweigert wird, nur weil sie gleichzeitig die Verteidigung ihres Landes nicht aus den Augen verlieren; ja es kann dahin kommen, daß man sie mit Gewalt aus dem Weg zu schaffen versucht.

So wurde 1922 der deutsche Außenminister Walther Rathenau ermordet. Den Mann, der einerseits mit dem Russen Georgij Tschitscherin das Geheimabkommen von Rapallo unterzeichnete, das Deutschland den Weg zu einer Wiederaufrüstung ermöglichte, der andererseits aber auch die Respektierung des Versailler Friedensabkommens anstrebte, konnten extreme Nationalisten nicht dulden. Wie viele aus politischen Gründen Ermordete starb er durch Leute aus dem eigenen Volk. Ebenso König Abdallah von Jordanien, der 1951 wegen seiner Friedensinitiativen einem Anschlag zum Opfer fiel, dann der ägyptische Präsident Sadat und manche Friedensbefürworter unter den Mitarbeitern des PLO-Präsidenten Arafat wie Issam Sirtawi und Said Hamami. Und jetzt Jitzhak Rabin.

Man möchte meinen, der Römer Cicero habe im ersten vorchristlichen Jahrhundert einen Mann wie Jitzhak Rabin vorausgeahnt, als er sagte: »Zwei Künste sind es, die uns die größte Würde bescheren: Die eine gehört dem General, die zweite dem Staatsmann. Der Letztere bewahrt das Wunderbare des Friedens – ersterer vermeidet die Gefahr eines Krieges.« In der Person Jitzhak Rabins haben beide Künste sich vereinigt. Zum Schluß frage ich mich: Ist der heutige Tag, an dem den beiden Friedensstiftern der Deutsche Medienpreis verliehen wird, ein fröhlich stimmender Tag? Oder ist er eher ein Tag der Trauer, an dem wir uns des Schmerzes über den Tod Jitzhak Rabins erinnern? Ich neige dazu, ihn als einen hoffnungsvollen Tag zu sehen.

Wir schreiben heute den 23. November 1995. Vor genau 375 Jahren landete die »Mayflower« mit den ersten Siedlern an der Küste Neuenglands in Amerika. Das Ereignis, dem die Gründung der Kolonie New Plymouth folgte, eröffnete der Welt eine neue Ära der Menschenrechte und der Demokratie. Das sollte uns ermuntern, den heute verliehenen Preis als ein Zeichen für die Durchsetzung des Friedens im Nahen Osten anzusehen.

In diesem Sinne auch möchte ich mit einem Wort von Victor Hugo schließen. Es erscheint mir wie eine Verheißung und Herausforderung an den Nahen Osten: »Krieg ist der Kampf der Menschen, Frieden ist der Kampf der Geister.«

Dankesrede

zur Verleihung des Kulturpreises Europa
Bonn, 6. April 1998

Der Staat Israel ist, wie jeder weiß, hauptsächlich mit den USA verbunden. Aber bereits 1975 unterzeichnete er mit der Europäischen Gemeinschaft ein Freihandelszone-Abkommen, und mit Stolz und besonderer Genugtuung hat Israel zwanzig Jahre später, 1995, mit der Europäischen Union das Abkommen über gegenseitige kulturelle und wissenschaftliche Zusammenarbeit geschlossen. Dieser Vertrag wirft vor allem zwei Fragen auf: Wie wird ein künftiges, friedliches Israel beschaffen, von welchen Kräften wird es gestaltet sein? Und: Wie wird das Europa aussehen, in dem Israel verankert sein möchte? Wird Europa auch in Zukunft durch seine kulturelle Eigenart bestimmt werden, wird es eine kulturelle Weltmacht bleiben? Für uns, die wir durch die europäische Kultur geprägt wurden und sie zugleich mitgeprägt haben, sind dies entscheidende Fragen, wenn wir uns über unseren Wunsch der Verbundenheit mit Europa Klarheit verschaffen wollen.

Ich bezweifele nicht, daß jedermann in Europa heute Kultur als unentbehrlich empfindet. Nur bin ich nicht ganz sicher, was man früher darunter im einzelnen verstanden hat. Es hat offensichtlich Zeiten gegeben, in denen Unklarheit darüber herrschte, ob Kultur überhaupt wünschenswert sei. So gab es Leute in unserem Jahrhundert, die meinten, Kultur sollte nicht aus dem freien Geist entstehen, sondern von Behörden vorgegeben sein und ihnen dienen. Die Folge war, daß Bücher verbrannt und große Meisterwerke verboten wurden.

Es gab andere, die nicht begreifen konnten, warum man Kultur als ein wichtiges Element des Lebens und der Gesellschaft betrachtet. So klagte Mussolinis Außenminister Galeazzo Ciano nach einem offiziellen Besuch in Warschau über das Italienbild der Polen. In seinem Tagebuch heißt es: »Wir waren allzu lange in Polen von Malern, Bildhauern und Architekten vertreten ... In Polen ist man immer noch in die Gnade des Pinsels verliebt, eher als in die Macht unserer Streitkräfte.«

Heute weiß man, in welch erbärmlichem Zustand sich die faschistischen Streitkräfte Italiens befunden haben. Mussolini sprach öfter mit Arroganz von seinen »acht Millionen Bajonetten«, wurde aber damals schon belächelt, und man fragte: »Hat er auch Soldaten, die diese Bajonette tragen können?« Wenn es je Respekt vor dem faschistischen Heer gab, dann war er von so kurzer Dauer, daß sich später niemand mehr daran erinnern konnte. Die Kultur Italiens jedoch, die Mussolinis Schwiegersohn und Außenminister Graf Ciano so verachtet hat, gewährleistet in aller Welt den ewigen Ruhm des Landes.

Nicht wenige auch haben Kultur schlichtweg verabscheut. In den zwanziger Jahren schrie der Gründer der Falange und Ideologe der spanisch-faschistischen Bewegung José Antonio Primo de Rivera: »Wenn ich das Wort Kultur höre, greife ich zu meiner Pistole!« Kurze Zeit danach haben manche Nazi-Schergen die Drohung mit Vergnügen wahr gemacht.

Wie kommt es, daß Faschisten und ihresgleichen eine derart heftige Abneigung gegen Kultur, um nicht zu sagen Angst vor ihr haben? Waren es denn immer nur moderne, demokratische Politiker, die verstanden haben, was Kultur für die Menschheit bedeutet? Napoleon, dessen militärisches Genie und dessen Leistungen Karl von Clausewitz als »über jede Eloge hinausgehend« bezeichnet hat, starb heute vor 177 Jahren. Ihn nannte sein englischer Erzfeind Arthur Wellesley, der berühmte Duke of Wellington, einen »Gott des Krieges«. Napoleon aber tat einen Ausspruch, den man von einem glorreichen Feldherrn nicht unbedingt erwartet. Er sagte: »Es gibt zwei Mächte in der Welt. Den Säbel und den Geist. Langfristig besiegt der Geist immer den Säbel.«

Ist das der Grund, weshalb die bösen Geister des 20. Jahrhunderts die Kultur so gefürchtet haben? Sie waren zu keinem Bekenntnis der Art imstande, wie Napoleon es nach seiner Krönung abgab: »Die Literatur, die Wissenschaft, die höhere Bildung und die Kultur, das sind die Grundlagen meines Reiches, das macht den Unterschied aus zwischen dem Französischen Reich und einem militärischen Despotismus.« Heute, fast zweihundert Jahre später, würden die meisten Europäer dem zustimmen.

Was aber ist in unserer Zeit unter dem Begriff Kultur zu verstehen? Als Theodor Herzl die Zionistische Bewegung gegründet hatte, legte er in einem utopischen Buch mit dem Titel »Alt-Neuland« seine Vision der Gestaltung eines zukünftigen jüdischen Staates dar. Dessen Fundament sollte nach Herzls Vorstellung zu einem Großteil aus Elementen der deutschen Kultur bestehen; ohne eine feste kulturelle Basis, meinte er, habe die Staatsgründung keinen Sinn. Obwohl er ein überzeugter Anhänger der parlamentarischen Demokratie war und nach deren Ideen auch die Zionistische Bewegung gestaltet hatte, konnte Herzl sich für Errungenschaften des Deutschen Kaiserreichs begeistern. Aus dieser inneren Verbundenheit, aber auch aus verschiedenen pragmatischen Gründen entstand Herzls Plan, die deutsche Sprache als verbindliches gemeinsames Verständigungsmittel für alle Juden in dem Land einzuführen, dessen Gründung ihm vorschwebte. Nicht nur, daß er mit der deutschen Sprache aufgewachsen und sich ihres Ranges in der damaligen Welt bewußt war, er stellte auch fest, daß die meisten ihm bekannten Juden entweder Deutsch sprachen oder aber, sofern sie Jiddisch sprachen, Deutsch verstehen konnten. Im Unterschied zu vielen anderen Voraussagen Herzls, die im Judenstaat Wirklichkeit wurden, hat sich diese eine nicht erfüllt.

Das Wiederentstehen einer politisch unabhängigen jüdischen Identität vollzog sich ohne ihre ursprüngliche, authentische Kultur und deren zugehörige Grundlage, die Sprache. Denn es ist vor allem die Sprache, die Angehörige einer bestimmten Kultur miteinander verbindet. Insofern war es ein Wagnis, eine Sprache wiederzubeleben und zu modernisieren, die zweitausend Jahre lang in den Synagogen gebraucht worden war, ohne daß man sie recht verstand. Nur so aber, indem man sie erneuerte, ließ sich eine Nation gestalten und dauerhaft festigen.

Napoleon sprach am Anfang des vorigen Jahrhunderts von zwei Mächten, die einander gegenüberstanden, er sprach vom Säbel und vom Geist. Heute müßte man eine dritte hinzufügen: die Wirtschaft. Aber steht die Wirtschaft zur Kultur tatsächlich in ähnlich starkem Gegensatz, wie der Säbel zum Geist? Ganz im Gegenteil, die Wirtschaft braucht die Kultur, sie beruht auf ihr, Kultur ist eine ihrer Antriebskräfte.

Der amerikanische Präsident Herbert Hoover, der sich für die Förderung der Kultur seines Landes einsetzte, erklärte Anfang der dreißiger Jahre: »Die Vereinigten Staaten verkaufen doppelt so viele Automobile und doppelt so viele Schallplatten in den Ländern, in denen unsere Filme erfolgreich sind.« Heute würde man von zahllosen weiteren Produkten der USA sprechen, die dank der Eroberung der Welt durch den amerikanischen Film außerhalb der Vereinigten Staaten riesigen Absatz finden.

Ich bitte um Verständnis, wenn ich mich noch einmal auf den Kaiser der Franzosen berufe, der 1821 auf seinem Totenbett sagte: »Ich hinterlasse zwei Sieger, zwei Herkulesse in der Wiege: Rußland und die Vereinigten Staaten von Amerika.« Es waren prophetische Worte, denn damals konnte man an eine politische Größe des zaristischen Rußland kaum glauben und an die der Vereinigten Staaten schon gar nicht. Heute hingegen hätte niemand Bedenken, die USA eine Großmacht zu nennen; und was Rußland betrifft, so weiß jeder, daß dessen derzeitige Schwäche nur eine vorübergehende ist. Es wird, um seine Stellung wiederzuerlangen, Ordnung in sein Haus bringen müssen. Währenddessen aber wird die amerikanische Supermacht die Welt erobern – mit ihrer Kultur, nicht mit dem Säbel.

Wenn man es bei der Prophezeiung Napoleons beläßt, dann

bleiben die Dinge wie sie sind. Das heißt, man müßte auf die Bewahrung des kulturellen Erbes Europas verzichten und langfristig auch auf die europäischen Sprachen. Niemand in Europa wünscht sich jedoch eine derartige Zukunft. Sie würde eine erhebliche kulturelle Verarmung bedeuten, die sich wiederum nachteilig auf die wirtschaftliche Wettbewerbsfähigkeit der Europäer auswirken müßte.

Wäre es denn wirklich pragmatisch, amerikanisch zu sprechen, ausschließlich amerikanisch zu singen, sich geistig wie wirtschaftlich auf amerikanische Art zu verständigen, so, wie Theodor Herzl sich das Leben im jüdischen Staat auf der Basis der deutschen Sprache vorgestellt hat?

Andererseits: Wer will in unserer Zeit der fortschreitenden Globalisierung kein Pragmatiker sein? Wäre es nicht pragmatisch, eine einzige Sprache für alle zu haben? Ich komme nicht umhin, noch einmal den Pragmatiker Napoleon zu bemühen. Damals war Französisch zweifellos die einzige international weithin verbreitete Sprache, und dennoch meinte Napoleon, als er sich einmal zur akademischen Ausbildung der französischen Jugend äußerte: »Was die Titel der Universität anbelangt, glaube ich nicht, daß man so leicht, wie wir es heute tun, einen Doktortitel verleihen sollte. Der Bewerber soll nicht nur in dem Beruf, den er studiert hat, geprüft werden, sondern auch in der Kenntnis von Fremdsprachen.«

Auch Bismarck war in dieser Hinsicht als Pragmatiker bekannt. Zwar sagte er, Fremdsprachen seien nur für Oberkellner nützlich; er selber aber hat sich sehr bemüht, mehrere Fremdsprachen zu lernen und war bekannt als besonders guter Kenner des Französischen, worin er sogar Verse verfaßt hat.

Wenn die Amerikaner in Europa einen interessanten Film entdeckten, der nach ihrer Einschätzung in Amerika kommerziell erfolgreich sein könnte, dann würden sie zwar die Rechte erwerben, ihn aber neu drehen lassen. Man würde den Film nicht nur in amerikanischer Sprache, sondern auch mit amerikanischen

Schauspielern zeigen, natürlich amerikanisch kostümiert und vor amerikanischen Architekturkulissen. Doch nicht um einer solchen Zukunft der industriellen und kulturellen Uniformität willen haben die Väter der Europäischen Union sich der mühevollen Vereinigung Europas verschrieben.

Die Zionisten, die jene Form des Pragmatismus ablehnten, der sie zur Übernahme einer einheitlichen Fremdsprache verpflichten sollte, waren in anderen Bereichen gleichwohl kluge Pragmatiker. Ich hoffe, daß es, was die Zukunft ihrer Kultur betrifft, auch die Europäer sein werden. Dabei denke ich nicht unbedingt an die Regierung oder irgendwelche Behörden. Bundespräsident Theodor Heuss hat einmal gesagt: »Mit Politik kann man keine Kultur machen, aber vielleicht kann man mit Kultur Politik machen.« Und Bundespräsident Richard von Weizsäcker ergänzte Jahre später: »Kultur, verstanden als Lebensweise, ist vielleicht die glaubwürdigste Politik.«

Auf das kommende Europa bezogen, bedeutet dies für mich eine immer engere Zusammenarbeit der Völker in einem kulturellen Raum von großer Vielfalt. Mit einem solchen Europa würde ich gerne kooperieren, in einem solchen Europa würde ich mein Land gerne verankert sehen.

Mit diesem Wunsch nehme ich den Kulturpreis Europa mit großer Freude und mit großem Stolz entgegen und bedanke mich dafür sehr herzlich.

Dankesrede

*zur Verleihung des Preises der Fondation du Mérite Européen in
Gold*
Berlin, 16. Juli 1998

Wenn ich daran denke, wer meine Vorgänger als Träger dieses
Preises sind, dann weiß ich nicht recht, wie ich es verdient habe,
in dieser Reihe stehen zu dürfen. Doch eines weiß ich: Meine Lei-
denschaft beim Einsatz für die Vereinigung Europas und für die
Verankerung Israels in diesem vereinten Europa ist unbegrenzt.
Ich glaube, daß für die Zukunft das Staates Israel die Verbunden-
heit mit dem entstehenden neuen Riesen, unserem Nachbarn
Europäische Union, unerläßlich und unentbehrlich ist.

Merkwürdigerweise haben sich die Israelis, die von der europäischen Kultur geprägt sind und deren Eltern diese Kultur mitgeprägt haben, in den letzten Jahrzehnten von Europa geistig und
moralisch abgewandt. Als die Zionistische Bewegung sich um
einen jüdischen Staat bemühte und als der dann entstandene Staat
Israel um sein Überleben kämpfte, mußte er von den Europäern
eine ununterbrochene Kette von Enttäuschungen, wenn nicht
Schlimmeres hinnehmen. England, der erste wirkliche, wenn
auch nur kurzfristig aktive Förderer der Zionisten-Bewegung,
kehrte sich von uns ab, seine Freundschaft verwandelte sich in
totale Feindseligkeit. Ebenso die Sowjetunion: Nachdem sie uns
nach der Unabhängigkeitserklärung 1948 für kurze Zeit unterstützt hatte, wurde auch sie mit ihren Verbündeten zu einem aus-
gesprochen aktiven Gegner unseres Volkes und Landes. Und
Frankreich, das mit uns eine besondere, eine solide und tiefrei-
chende Freundschaft entwickelt hatte, ließ uns während der
Krise 1967 fallen.

Die wiederholten Enttäuschungen durch die Europäer haben
um so stärker den düsteren Teil der gemeinsamen Geschichte der
letzten zwei Jahrtausende in Erinnerung gerufen. Das Gedächt-

nis verdrängte allmählich die wenigen unbelasteten Zeitabschnitte jüdischen Lebens in Europa und konzentrierte sich ganz auf die Erfahrungen der Verfolgung, der Demütigungen und mörderischen Ausrottung, angefangen bei den Metzeleien der Kreuzfahrer am Ende das 11. Jahrhunderts, der Vertreibung der Juden aus Spanien im späten Mittelalter und der Auslöschung jüdischer Gemeinden in der Ukraine während des 17. Jahrhunderts bis hin zum Entstehen jenes neuen Antisemitismus, der jetzt eher auf rassistischen als religiösen Vorurteilen beruhte und unmittelbar zum Holocaust führte, zur größten Tragödie in der Geschichte des jüdischen Volkes. Dieser millionenfache Mord an Juden ist zwar von den Nazis initiiert und ausgeführt worden, im gesamten von den Deutschen besetzten Europa aber gingen ihnen Scharen von Kollaborateuren begeistert zur Hand.

Die Verbitterung in den Beziehungen zu England nach dem Ersten, besonders aber nach dem Zweiten Weltkrieg, die feindselige Haltung Rußlands und die Enttäuschung durch Frankreich – alles dies hat sich auf die Mentalität der Israelis ausgewirkt und zur allmählichen Abkehr von Europa beigetragen. Intellektuelle und Akademiker, aber auch weniger gebildete Leute, fast das gesamte Volk sah in Amerika das große Vorbild und fühlte sich ihm als Freund und Partner verbunden.

Unter solchen Umständen ist kaum zu begreifen, daß Israel, sobald aufgrund der Römischen Verträge die Europäische Gemeinschaft ins Leben gerufen war, dieser Staatengemeinschaft seine Anerkennung und die Aufnahme diplomatischer Beziehungen angeboten hat. Nur drei Länder unternahmen diesen Schritt, außer Israel waren es die Vereinigten Staaten und Griechenland. Die Mehrheit der heutigen EU-Mitgliedsstaaten hat die Römischen Verträge nicht unterzeichnet, und außer Griechenland wollte keiner diplomatische Beziehungen zur Gemeinschaft aufnehmen. Was aber veranlaßte ausgerechnet Israel dazu? Ausgerechnet jenes Israel, dessen Bevölkerung sich von Europa entfernt, für Europa kaum noch Interesse hatte?

In der Proklamation des 1950 von der Stadt Aachen gestifteten Karlspreises, zu dessen Trägern auch Sie, Herr Bundespräsident, gehören, heißt es: »Die Fortschritte der Menschheit sind immer von einzelnen, genialen Persönlichkeiten ausgegangen. Von einzelnen, die sich trotz aller Widerstände ganz ihrer Idee verschrieben haben.«.Etwa so, wie Sie es, Herr Bundespräsident, in einer Rede vor dem Europaparlament in Straßburg zum Ausdruck brachten: »Wir haben eine Vision, und diese Vision heißt Europa … Jede Vision trägt auch das Risiko des Scheiterns in sich. Allerdings sind Visionen unbequem, anders als Utopien. Für den Eintritt einer Utopie ist niemand verantwortlich, für die Erfüllung einer Vision sind wir es selbst.«

Dem möchte ich hinzufügen: Nicht nur Utopien sind bequemer als Visionen. Auch die bekannte Gegenwart, mehr noch die Vergangenheit, die man in der Phantasie immer neu gestalten kann, ist eher akzeptabel als eine in Fremdheit und Angst getauchte Zukunft. Die Menschheit profitiert gelegentlich zwar von begnadeten Visionären, doch die Mehrzahl von ihnen besteht eher aus Papagenos.

Echte Visionäre, die wenigen Ausnahmen, hat es im Staat Israel zur Zeit der Römischen Verträge gegeben, in den späten fünfziger Jahren. Sie waren der Bevölkerung meist unbekannt und agierten hinter den Kulissen. Es waren ebenso isolierte wie herausragende Persönlichkeiten, die, als die Mehrheit der Israelis sich von Europa abwandte, an die Europäische Gemeinschaft und deren Chancen glaubten und die Notwendigkeit begriffen, daß ihr Staat künftig mit der neuen Gemeinschaft verbunden sein müsse. Diese wenigen Visionäre waren es, die die Weichen für den Rückweg das israelischen Volkes stellten. Klar vorausschauend rückten sie Europa wieder ins Blickfeld und setzten ihr volles Vertrauen in einen Entwurf, aus dem einmal die Europäische Gemeinschaft hervorgehen sollte.

Doch auch Visionäre brauchen Orientierung, etwas, worauf sie sich stützen, woran sie sich festhalten können. Gerade zur

Zeit der jüngsten Enttäuschung, die Israel durch Europäer – diesmal durch Frankreich – hinnehmen mußte, als das Ansehen Europas in Israel an einem Tiefpunkt angelangt, als die Mehrheit der Bevölkerung bereit war, Europa abzuschreiben, gerade da entstand ganz schüchtern und zögernd eine neue Freundschaft zwischen Israel und einem europäischen Land. Diese Freundschaft hat sich langsam, wie aus einem Keim entfaltet und war zunächst äußerst zerbrechlich und unsicher. 1965 aber gewann sie festere Gestalt: Wir nahmen diplomatische Beziehungen auf zur Bundesrepublik.

Seit der Unterzeichnung des Wiedergutmachungsabkommens, 1952, entwickelten sich menschliche Beziehungen zwischen Deutschen und Israelis. Mit äußerst behutsamer Vorsicht, als bewegten sie sich auf dünnem Eis, wagten es Mutige auf beiden Seiten, Brücken über den tiefsten Abgrund der Geschichte zu schlagen. Aus israelischer Sicht haben dazu wichtige Veränderungen in Deutschland beigetragen. Da war zunächst die Tatsache, daß die Deutschen begonnen hatten, ihre Vergangenheit zur Kenntnis zu nehmen, anstatt sie zu verdrängen. Dies ermöglichte den Anfang eines ehrlichen Dialogs zwischen Israelis und Deutschen. Darüber hinaus beeindruckte uns die neue deutsche Europapolitik. Die Bilder von Adenauer und de Gaulle, Vertretern der ehemaligen Erzfeinde, die nun nicht nur in Frieden leben, sondern sich innerhalb eines europäischen Rahmens sogar vereinigen wollten, haben uns verblüfft. Wenn diese Politik keine vorübergehende Taktik ist, sagten wir uns, dann ist sie der Beweis, daß Deutschland sich tatsächlich für immer von seiner Vergangenheit gelöst hat.

Es sei ein »eigentümlicher Fehler der Deutschen«, sagte Arthur Schopenhauer einmal, »daß sie, was vor ihren Füßen liegt, in den Wolken suchen.«

Was lag vor ihren Füßen? Im letzten Flugblatt der Münchner Widerstandsgruppe »Die weiße Rose« hieß es am 18. Februar 1943: »Der deutsche Name bleibt für immer geschändet, wenn nicht die deutsche Jugend endlich aufsteht, rächt und sühnt zugleich, ihre Peiniger zerschmettert und ein neues geistiges Europa aufrichtet.«

Das Streben nach einem vereinten Europa, nach dem, das ihm schon jahrzehnte –, wenn nicht jahrhundertelang vor seinen Füßen gelegen hatte – an dieses neue Deutschland hat Ben Gurion, Israels erster Regierungschef, schon in den fünfziger Jahren geglaubt, ja er hat es geradezu in seinem Herzen adoptiert. Die Glaubwürdigkeit des neuen Deutschland war für uns mit der Glaubwürdigkeit
der Europäischen Gemeinschaft verbunden. Ein europäisches Deutschland würde ein verläßliches Deutschland sein, ein Europa mit Deutschland als Bestandteil ein verläßliches Europa.

Natürlich mußten wir, um daran glauben und unsere Zukunft darauf ausrichten zu können, Näheres über das kommende Europa wissen. Wie würde es beschaffen sein? Das ist eine Frage, die wir uns heute noch stellen. Ein so klarsichtiger Geist wie Napoleon hat den Untergang des alten Europa schon vorausgesehen, noch bevor die Europäer weitere 125 Jahre Kriege gegeneinander führten, die Victor Hugo als Bürgerkriege bezeichnet hat.

»Europa ist zu groß, um vereinigt zu werden, aber auch zu klein, um geteilt zu bleiben. Das ist das widersprüchliche Schicksal Europas«, schrieb der Geograph Daniel Faucher. Die Verantwortung für dieses Schicksal mußte Europa selber tragen. »Gouverner c'est choisir«, sagte Pierre Mendès-France, handeln bedeutet wählen. Also wählten die Europäer und entschieden sich für die Vereinigung, um sich in der Welt als wirkende und prägende Macht zu behaupten. Die meisten Europäer gehen damit heute konform.

Viele sind besorgt wegen der Langsamkeit des Einigungsprozesses – die Römischen Verträge sind in den fünfziger Jahren unterschrieben worden, und noch immer ist Europa vom Föderalismus, den man sich als Ziel gesetzt hat, weit entfernt. Ich hingegen glaube, daß diese Langsamkeit weder zufällig noch sinnlos ist. Wenn sie stabil und von Dauer sein sollen, dann müssen die Weichen zur europäischen Vereinigung nach demokratischen Regeln und gemäß dem Prinzip der Freiwilligkeit gestellt sein. Der erforderliche Konsens setzt ein langes, zähes Ringen voraus; um wirkliche Dauerhaftigkeit zu erreichen, bedarf es Zeit. Vereinigungen, die schnell und womöglich unter Zwang herbeigeführt werden, lösen sich auf, wie die Beispiele der Sowjetunion und Jugoslawiens zeigen, sobald der äußere Machtrahmen zerfällt.

Alles, was bisher auf dem Weg zur Vereinigung Europas erreicht wurde, kam mühsam zustande und benötigte viel Zeit. Noch nie aber ist die Europäische Union von einem ihrer Beschlüsse zurückgetreten. Sie bewegt sich zwar langsam, doch stets nach vorn.

Aber was heißt das: vereint? Und welchem Zweck soll es dienen? Wozu braucht man die prägende Kraft Europas?

Als Sie, Herr Bundespräsident, 1997 in Ihrer Rede in Aachen zur Entgegennahme des Karlspreises die Vision Karls des Großen würdigten, sagten Sie: »Die Vision des Friedens, der Ordnung, des wachsenden Wohlstandes und nicht zuletzt der kulturellen Blüte, die allen Völkern des großen europäischen Raumes in gleicher Weise zugute kommen sollte, war das Europabild Karls des Großen.« In derselben Rede fügten Sie Ihre eigene Vision hinzu und sagten: »Europa ist mehr als ein geographischer Begriff oder der Amtsbereich der Kommission der Europäischen Union. Es ist auch mehr als ein Markt und erst recht mehr als ein künftiger Währungsraum. Es ist seit Jahrhunderten ein Kontinent der Freiheit, des Wissensdrangs und der Entdeckungslust, der Unternehmungsfreude und vor allem des Gestaltungswillens gewesen. Es ist ein Irrtum, Europa primär als einen Begriff der Ökonomie zu verstehen. Was uns Europäer zunächst einmal eint, ist unsere gemeinsame europäische Kultur. Das ist die richtige Bedeutung für die Welt der Macht, die Wirksamkeit und die Bedeutung Europas für die Zukunft.«

Wenn Europa tatsächlich auf die Welt Einfluß nehmen soll, dann muß es zunächst seine wirtschaftliche Wettbewerbsfähigkeit sichern. In einer Zeit zunehmender Globalisierung läßt sich diese Wettbewerbsfähigkeit nicht erreichen, ohne daß die Länder Europas sich zusammenschließen. Wirtschaftsstärke ist die Macht, die die Weichen stellt für all das, was Europa tun und werden will. Wirtschaft kann dabei jedoch nur ein Mittel sein. Was Menschen bewegt, sind Ideen und Emotionen. Sie fügen sich wirtschaftlichen Gegebenheiten und Gesetzen, deren Macht jedoch ist begrenzt, sofern sie sich nicht auf ein Ziel richtet, das außerhalb ihrer selbst liegt.

Menschen, denen die Wirtschaft unbegrenzt alles bedeutet, verwenden, um ihren Glauben zu rechtfertigen, als Stichwort gerne den Begriff Pragmatismus. Als reine Pragmatiker meinen sie, auf Kultur verzichten zu können; was sie allein für notwendig halten, ist Effizienz. Wozu, zum Beispiel, braucht man so viele Sprachen in Europa, wozu die vielen Traditionen? Würde nicht eine einzige Sprache vollauf genügen, könnte man nicht alle Kulturen durch eine einzige ersetzen, am besten natürlich durch die amerikanische, die heute schon die Pop-Musik anführt? Das würde Geld sparen und den Studenten viel Zeit, würde viele Dolmetscher und Übersetzer überflüssig machen. Überhaupt sollte alles uniform werden: die Sprache, die Musik, die Architektur, die Literatur und so weiter, bis hin vielleicht zur Klonung. Alles also effizient und rentabel.

Pragmatisch glaubte sich Theodor Herzl zu verhalten, als er vor hundert Jahren die Zionistische Bewegung ins Leben rief und die Gründung eines unabhängigen Judenstaats propagierte. Die offizielle Sprache in diesem künftigen Staat sollte nach Herzls Vorstellungen die deutsche sein, weil sie den meisten Juden mehr oder weniger bekannt war. Doch Herzl, von dessen Visionen so viele Wirklichkeit geworden sind, scheiterte mit dieser Idee. Er hatte nicht bedacht, daß die Verbundenheit des jüdischen Volkes mit dem Hebräischen eine wesentlich tiefere war, obwohl es schon damals längst nicht mehr zum Alltag gehörte und nur noch in den Synagogen gesprochen wurde. Mit dem Hebräischen konnten sich auch moderne Juden identifizieren, es war Bestandteil ihrer Tradition und gehörte zu den kulturellen Wurzeln ihres Volkes.

Es war nicht zuletzt die geschichtliche, traditionelle Verbundenheit der Juden mit ihrer alten Sprache, auf der die Stärke der Zionistischen Bewegung und der Erfolg der Staatsgründung Israels beruhten. Man mußte das Hebräische, das im Laufe der Jahrhunderte außer Gebrauch gekommen und nur noch als Gebetssprache verwendet worden war, nur völlig neu gestalten und modernisieren, um sie zu einer normalen Umgangssprache werden zu lassen. Pragmatisch im Sinne der Pläne Theodor Herzls war dies gewiß nicht, aber es erwies sich als der natürlichste Weg. Mit der Einführung einer fremden Kultursprache hätte man keine Nation, keinen neuen Staat aufbauen können.

Ähnliches gilt für das im Werden begriffene vereinigte Europa: Die einzelnen Völker werden ihre Seele, ihre kulturellen Traditionen, ihr Selbstbewußtsein, ihre jeweilige Identität bewahren und fortentwickeln müssen, wenn sich Sinn und Zweck der Gemeinschaft erfüllen sollen.

Ich bin fest überzeugt, daß sich die europäische Einheit, die heute noch auf wirtschaftlicher Einheit beruht, zu der aber zweifellos bald auch eine einheitliche Außen- und Verteidigungspolitik gehören wird, auf die kulturelle Entwicklung Europas förderlich auswirkt. Die Art aber, wie sich die Völker untereinander zu verständigen haben, müßte schon den Kindern in den Grundschulen beigebracht werden. So stelle ich mir vor, daß jedes europäische Kind, jedes in seiner Sprache, in seiner Terminologie und gemäß den Traditionen seines Volkes nicht nur dessen Geschichte, sondern auch die seiner Nachbarn aus den gleichen Geschichtsbüchern lernt. Jedes Kind sollte natürlich zuallererst und hauptsächlich die geschichtliche Vergangenheit des eigenen Volkes kennenlernen, es sollte aber auch möglichst genau wissen und selbst erfahren, wie sein gleichaltriger Nachbar diese Geschichte aufnimmt. Gemeinsame Geschichtsbücher im Unterricht würden Vorurteile und Vorbehalte, wie sie in Europa jahrhundertelang eine Generation an die nächste vererbte, endgültig aussterben lassen, und das Gefühl der Einheit würde auch die Subsidiaritäten festigen.

In einem solchen Europa wünscht Israel sich verankert zu sehen. Ein solches Europa streben wir gemeinsam mit allen verständigungs- und kooperationsbereiten Europäern an.

Personenregister

Danksagung

Ich danke Herrn Professor Dr. Gert Kaiser, Rektor der Heinrich-Heine-Universität Düsseldorf, der mich in ehrenvoller Weise im Sommersemester 1998 mit einer Gastprofessur betraut und damit den Anstoß gegeben hat zum Entstehen dieses Buches.

Dank gebührt auch Herrn Professor Shlomo Avineri, meinem ehemaligen Vorgesetzten, damaliger Staatssekretär des Auswärtigen Amtes des Staates Israel, heute Leiter des Helmut-Kohl-Instituts für Europäische Studien an der Hebräischen Universität Jerusalem. Er stand mir mit Ratschlägen und historischen Hinweisen hilfreich zur Seite.

Nicht zuletzt danke ich Herrn Hans-Georg Puchert, der das Manuskript aufmerksam durchgesehen und lektoriert hat.